찰스 스탠리

하나님의 손길

찰스 스탠리

하나님의 손길

찰스 스탠리 지음 | 정 에스더 옮김

비전북출판사

예배와 삶의 일치

복음에는 하나님의 의가 나타나서

믿음으로 믿음에 이르게 하나니; 기록된바,

"오직 의인은 믿음으로 말미암아 살리라" 함과 같으니라.

로마서 1 : 17

찰스 스탠리 하나님의 손길

재판 1쇄 인쇄 : 2003년 9월 30일
재판 1쇄 발행 : 2003년 10월 25일

저 자 : 찰스 스탠리
역 자 : 정에스더
발행인 : 이원우 / 발행처 : **비전북출판사**
주 소 : (411-834) 경기도 고양시 일산구 장항동 585-11호
전 화 : (02)966-3090 / 팩 스 : (02)3293-6620

E-mail : vsbook@hanmail.net
등록번호 : 제10-1452호

공급인 : 박종태 / 공급처 : **비전북**
전 화 : (031)907-3927 / 팩 스 : (080)403-1004

Copyright ⓒ 2003 **비전북출판사** Printed in Korea
값 7,000원

ISBN 89-5750-002-2 03230

In Touch With God

by
Charles Stanley

우리 가운데 어느 누구도 하나님의 품을 벗어나기를 원치 않는다. 그러나 우리 안의 그릇된 생각, 잘못된 우선 순위, 하나님에 대한 오해, 내 힘으로 어찌하겠다는 오만이 하나님의 품에서 우리를 자꾸만 멀어지게 한다.

하나님께서는 지금도 이런 우리와 의사 소통하시기를 원하시며, 우리의 무거운 짐을 나누어지고자 우리의 요청에 귀기울이신다. 그리고 그분의 위대한 계획에 우리를 포함하시고자 우리의 걸음걸음을 인도하신다.

하나님의 지도를 받기 위해서 우리는 그분과 올바른 관계를 가져야 한다. 하나님과 우리 자신과 또 다른 사람에 대한 진실을 깨달아 그분의 진리를 따르며 나아가 그분의 진리를 온 세상에 전해야만 한다.

하나님께서는 삶 가운데에서 일어나는 많은 일상적인 문제들로 고민하는 우리를 돕기 위해 성령님을 보내셨다. 성령님께 의지하지 않고서 우리는 결코 충분한 가르침을 받을 수 없고, 충분한 체험도 할 수 없다. 성령님께서 우리에게 그리스도의 마음을 주셔야만 우리는 하나님께서 준비하신 선물들을 받을 수가 있다.

하나님께서는 우리의 최고의 지지자이시며, 날마다 매순간마다 우리의 삶 가운데서 그분의 일을 행하시는 분으로 우리가 무엇을, 언제 또 어떻게 구해야 하는 가를 알고 계신다. 그러므로 우리는 그분께서 우리 삶에 얼마나 생생하게 나타나시는지 놀라게 될 것이다.

하나님께서는 믿는 자 안에 영원히 거하신다. 그분께서는 그저 스쳐 지나가시는 분이 아니시다. 그분께서는 우리를 하나님의 집으로 만드시고, 그 안에 머무시기를 원하신다.

또한 우리의 삶 가운데서 역사 하시는 그분의 참된 손길을 떠나서는 그분으로부터 그 어떤 것도 받을 수 없다는 것을 우리가 인정하기 전에는 하나님께서는 결코 말씀하지 않으신다.

찰스 스탠리
하나님의 손길

하나님의 인도

하나님의 말씀을 묵상하는 것은
우리를 인도하시는 하나님의 음성을 들을 수 있는 가장 훌륭한 방법이다

하나님께서 말씀하시는 방법

누구든지 내게 들으며 날마다 내 문 곁에서 기다리며
문설주 옆에서 기다리는 자는 복이 있나니
>>> 잠 8 : 34

내가 하나님 여호와의 하실 말씀을 들으리니
대저 그 백성 그 성도에게 화평을 말씀하실 것이라
>>> 시 85 : 8

그러나 너희 눈은 봄으로 너희 귀는 들음으로 복이 있도다
>>> 마 13 : 16

하나님께서는 오늘날에도 여전히 의사 소통하시는 일을 하고 계신다. 그분께서 오늘날 우리에게 말씀하시는 방법은 맨 먼저 그분의 말씀을 통해서이다. 그리고 성령님과 경건한 사람과 또 환경을 통해서 말씀하신다.

우리는 스스로 듣는 훈련을 해야 한다. 우리가 하나님께 묻고, 그분의 말씀을 고대하고, 들은 것에 대해 반응을 보이며, 그분의 확답에 깊은 주의를 기울이고, 그리고 명확하게 말씀해 주실 것을 단순히 요청함으로써, 우리는 메시지를 전해 주시는 전능하신 하나님의 말씀을 듣게 되고, 우리가 알고 있는 가장 놀랄 만한 뜻밖의 체험을 할 태세를 갖추는 것이다.

하늘에 계신 아버지, 오늘 나에게 말씀해 주소서.
주님의 음성에 응답하는 방법을 배우게 하소서.
나를 도우사 주님의 확답에 깊은 주의를 기울이게 하소서.

하나님께서 말씀하시는 이유

또 미리 정하신 그들을 또한 부르시고
부르신 그들을 또한 의롭다 하시고 의롭다 하신 그들을
또한 영화롭게 하셨느니라
>》 롬 8 : 30

그러므로 너희는 가서 모든 족속으로 제자를 삼아
아버지와 아들과 성령의 이름으로 세례를 주고
내가 너희에게 분부한 모든 것을 가르쳐 지키게 하라 볼지어다
내가 세상 끝 날까지 너희와 항상 함께 있으리라 하시니라
>》 마 28 : 19-20

이러므로 우리가 그리스도를 대신하여 사신이 되어
하나님이 우리로 너희를 권면하시는 것같이
그리스도를 대신하여 간구하노니 너희는 하나님과 화목하라
>》 고후 5 : 20

하나님께서는 특별한 목적을 염두에 두고 계시므로 명확하게 말씀하신다. 그분께서 말씀하시는 목적은 세 가지의 주된 분야로 구분되는 듯하다. 첫 번째 목적은 하나님과 우리 자신과 또 다른 사람에 대한 진실을 깨닫는 것이고, 두 번째 목적은 그분의 진리를 따르는 것이며, 세 번째 목적은 우리가 그분의 진리를 전하는 것이다.

우리는 하나님께서 우리에게 자비롭게 가르치신 것을 생각하면서 매일같이 신중하게 그 진리들을 우리의 삶에 적용하고 있는가? 그 진리를 깨달을 때, 우리 자신은 그리스도의 형상을 따르고 있는가? 그리고 이 진리를 다른 사람들에게 전하고 있는가?

사랑하는 하나님 아버지, 나를 도우사 주님의 진리를 깨닫고, 이에 응답하게 하소서. 그리고 주님의 진리의 말씀을 따르게 하셔서 그것을 다른 사람들에게 전하는데 나를 사용하소서.

하나님의 음성을 듣는 방법

여호와의 말씀에 내 생각은 너희 생각과 다르며
내 길은 너희 길과 달라서
>》 사 55 : 8

자기 양을 다 내어놓은 후에 앞서 가면
양들이 그의 음성을 아는 고로 따라오되
>》 요 10 : 4

내 양은 내 음성을 들으며 나는 저희를 알며 저희는 나를 따르느니라
>》 요 10 : 27

하나님과 차 한잔을 …

주님께 간구할 때, 우리는 그 간구가 우리의 믿음을 시험하는 것인지 늘 자문해 보아야 한다. 우리가 내리는 모든 결정이 반드시 큰 믿음을 필요로 하는 것은 아니겠지만 하나님으로부터 오는 음성인지 확신이 서지 않는 상황에서 어떤 결정을 내릴 때, 그러한 질문을 해 본다면 그 음성이 어디서 온 것인지 분명히 알 수 있을 것이다.

우리는 매일의 삶 속에서 주의를 기울여 하나님의 음성을 분별하도록 해야 한다. 우리는 "무슨 일이 일어난 것인가?" "이런 특별한 상황은 무슨 뜻일까?" 하고 계속적으로 자문함으로써 하나님의 음성을 하나도 빠짐없이 다 들어야 한다.

주님, 주님의 음성을 모두 다 들을 수 있도록
나의 귀를 조율해 주소서.
나를 도우사 나의 믿음을 성장시키게 만드는 결정을 내리게 하소서.

하나님의 말씀에 영향을 끼치는 요소들

여호와는 노하기를 더디하고 인자가 많아 죄악과 과실을 사하나
〉〉 민 14 : 18

여호와는 자비로우시며 은혜로우시며 노하기를 더디하시며
인자하심이 풍부하시도다
〉〉 시 103 : 8

아비가 자식을 불쌍히 여김같이 여호와께서 자기를 경외하는 자를
불쌍히 여기시나니 이는 저가 우리의 체질을 아시며
우리가 진토임을 기억하심이로다
〉〉 시 103 : 13-14

하나님과 차 한잔을 …

하나님의 본성을 이해하는 데 있어서 7가지의 주된 분야가
있다. 그것은 우리가 그분으로부터 받은 말씀의 본질을 결정해
준다. 하나님께서 말씀하실 때면 그분은 우리를 용서하시는 아
버지이신가, 강요하는 아버지이신가? 친한 친구이신가, 거리가
있는 친구이신가? 오래 참는 선생님이신가, 아량이 없는 선생
님이신가? 상냥한 안내자이신가, 화를 내는 안내자이신가? 이
해해 주는 상담자이신가, 무관심한 상담자이신가? 관대한 공급
자이신가, 마지못해 주는 공급자이신가? 성실한 지원자이신가,
변덕스러운 지원자이신가?

이러한 점들에 대한 그릇된 견해들은 모두 주님의 말씀의
본질을 그럴듯하게 바꾸어 놓을 것이다. 그것들이 성경적 원칙
에 부합된다면 우리는 우리가 분명히 들었다고 생각하는 것을
믿을 수 있을 것이다.

하나님, 주님의 본성을 이해하는 데 있어서 내가 가지고
있는 그릇된 견해들을 모두 지워주소서.
주님께서는 나의 친구이시며, 선생님이시며, 안내자이시며, 상
담자이시며, 공급자이시며, 지원자이심을 깨닫습니다.
주님은 나의 아버지이십니다.

하나님과의 관계

그러하나 진리의 성령이 오시면
그가 너희를 모든 진리 가운데로 인도하시리니
그가 자의로 말하지 않고 오직 듣는 것을 말하시며
장래 일을 너희에게 알리시리라
〉〉 요 16 : 13

너희가 아들인 고로 하나님이 그 아들의 영을
우리 마음 가운데 보내사 아바 아버지라 부르게 하셨느니라
〉〉 갈 4 : 6

그의 계명들을 지키는 자는 주안에 거하고 주는 저 안에 거하시나니
우리에게 주신 성령으로 말미암아
그가 우리 안에 거하시는 줄을 우리가 아느니라
〉〉 요일 3 : 24

하나님의 지도를 받기 위해서는 그분과 올바른 관계를 맺어야한다. 그러한 관계를 맺음이란 우리가 성령 충만해야 하며, 성령 안에서 행하는 법을 배워야 한다는 것이다.

성령님께 의지하지 않고 살면, 우리는 결코 충분한 가르침을 받을 수 없고, 충분한 체험도 할 수가 없다. 성령님께서 우리에게 그리스도의 마음을 주셔야만 한다. 그렇지 않는 한 우리는 그것을 가질 수가 없다. 우리의 삶 가운데서 역사하시는 그분의 참된 손길을 떠나서는 그분으로부터 그 어떤 것도 받을 수 없다는 것을 우리가 인정하기 전에는 하나님께서는 결코 말씀하지 않으신다.

하나님, 하나님의 영으로 나를 충만케 하소서.
나는 끊임없이 성령 안에서 행하고 살아가야만 합니다.
성령의 음성을 듣고 오늘 하나님께서 나에게 하시는 말씀을
받아들일 수 있도록 나의 귀를 훈련시켜 주소서.

하나님의 말씀

하나님의 말씀은 살았고 운동력이 있어
좌우에 날선 어떤 검보다도 예리하여
혼과 영과 및 관절과 골수를 찔러 쪼개기까지 하며
또 마음의 생각과 뜻을 감찰하나니
〉〉 히 4 : 12

베뢰아 사람은 데살로니가에 있는 사람보다 더 신사적이어서
간절한 마음으로 말씀을 받고 이것이 그러한가 하여
날마다 성경을 상고하므로
〉〉 행 17 : 11

주의 말씀은 내 발에 등이요 내 길에 빛이니이다
〉〉 시 119 : 105

 하나님과 차 한잔을 …

하나님께서는 성경 말씀을 통해 우리에게 주신 그분의 가르치심과 약속들을 정확하게 지키신다. 하나님의 말씀을 묵상하는 것은 우리를 인도하시는 하나님의 음성을 들을 수 있는 가장 훌륭한 방법이다.

어떠한 것을 우리의 삶 속에 받아들이기 전에 우리는 그분의 말씀으로 그것을 걸러내야 하며, 말씀에 모순되는 것은 그 어떠한 것이라도 제거해야 한다. 만약에 하나님의 말씀에 어긋나는 것이라면 그것을 몰아내 버려야 한다. 말씀의 빛은 모든 것을 조명해 주심으로써 우리로 하여금 진리와 죄를 분별할 수 있게 해 준다.

오, 주님. 주님의 말씀에 어긋나는 것이라면
내 삶 속에서 모두 몰아내어 주소서.
나를 도우사 말씀의 빛 가운데 행하게 하시고,
그 가르침을 받아 그 약속들을 다시 찾아내게 하소서.

조용함과 침묵

나의 영혼아 잠잠히 하나님만 바라라
대저 나의 소망이 저로 좇아 나는도다
〉〉〉 시 62 : 5

너희는 가만히 있어 내가 하나님 됨을 알지어다
내가 열방과 세계 중에서 높임을 받으리라 하시도다
〉〉〉 시 46 : 10

주 여호와 이스라엘의 거룩하신 자가 말씀하시되
너희가 돌이켜 안연히 처하여야 구원을 얻을 것이요
잠잠하고 신뢰하여야 힘을 얻을 것이어늘 너희가 원치 아니하고
〉〉〉 사 30 : 15

 하나님과 차 한잔을 …

　우리가 하나님을 위해 시간을 가질 때 뿐만 아니라, 하나님 앞에서 침묵을 지키는 것을 배울 때, 우리는 하나님을 가장 잘 알 수 있을 것이다. 침묵은 우리가 집중할 수 있는 시점까지 이르게 하며 주님 앞에서 침묵 할 때, 우리가 살아가면서 맞서 싸워야 할 요소들이 사라질 것이다. 침묵 할 때에 하나님의 선하심과 위대하심과 은혜가 우리 마음의 중심으로 오게 되며 우리의 문제들은 점점 줄어들기 시작할 것이다.

　하나님 앞에서의 침묵하고 잠잠히 기다리는 것은 `그분으로 하여금 우리의 마음에 명확하고도, 긍정적이며, 또 정확하게 말씀하시도록 하는 것이다.

오, 주님. 나를 가르치사 주님을 위한 시간을 갖게 하시고,
주님 앞에서 침묵을 배우게 하소서.
내가 침묵을 지키고 잠잠히 기다릴 때 영혼의 평온함을 주소서.
평온함을 통해 나의 힘을 소성케 하소서.

순종, 신뢰, 감사

주는 제사를 즐겨 아니 하시나니 그렇지 않으면 내가 드렸을 것이라
주는 번제를 기뻐 아니 하시나이다.
하나님의 구하시는 제사는 상한 심령이라
하나님이여 상하고 통회하는 마음을 주께서 멸시치 아니 하시리이다
〉〉 시 51 : 16-17

너는 마음을 다하여 여호와를 의뢰하고
네 명철을 의지하지 말라 너는 범사에 그를 인정하라
그리하면 네 길을 지도하시리라
〉〉 잠 3 : 5-6

우리가 감사함으로 그 앞에 나아가며 시로 그를 향하여 즐거이 부르자
〉〉 시 95 : 2

하나님의 말씀을 듣기 위해서는 하나님에 대한 올바른 마음 자세를 가져야 한다. 첫 번째로 우리는 순종하는 자세를 가져야 한다. 우리는 하나님 앞에 나아와서 그분의 뜻을 행하기 위한 겸손해 지고자 하는 마음을 가져야 한다.

두 번째로 신뢰하는 자세를 가져야 한다. 하나님께서 우리를 바른 길로 인도하시리라는 것을 절대적으로 확신해야 한다.

세 번째로 감사하는 자세를 가져야 한다. 우리의 모든 것이 하나님으로부터 왔다는 믿음이 있어야 한다.

오, 주님. 나의 자만심과 무관심을 없애 주소서.
나는 주님에 대한 마음 자세를 바로 잡아야 합니다.
주님께 순종하고 신뢰하도록 나를 도와주소서.
나를 도우사 오늘 하루를 주신 주님께 감사함으로
주님 앞에 나아가게 하소서.

주님을 향한 기대

너는 내게 부르짖으라 내가 네게 응답하겠고
네가 알지 못하는 크고 비밀한 일을 네게 보이리라
〉〉 렘 33 : 3

믿음이 없이는 기쁘시게 못하나니 하나님께 나아가는 자는
반드시 그가 계신 것과 또한 그가 자기를 찾는 자들에게
상주시는 이심을 믿어야 할찌니라
〉〉 히 11 : 6

각양 좋은 은사와 온전한 선물이 다 위로부터
빛들의 아버지께로서 내려오나니
그는 변함도 없으시고 회전하는 그림자도 없으시니라
〉〉 약 1 : 17

만약에 우리가 하나님의 말씀을 듣고자 한다면 그 말씀을 간절히 기대하면서 그분께 나아가야 한다. 그분께서 우리에게 하시는 말씀을 진심으로 고대해야 한다.

기대는 신빙성에 근거한다. 엘리야는 하나님께서 가뭄을 예언하시고, 또 그 예언하신 바를 실행하시는 것을 이미 보았기 때문에 살아 계신 하나님을 알고 있었다. 그는 사르밧 과부의 아들을 살린 일을 통해서 그분의 능력을 이미 증거했다.

엘리야는 하나님께서 지난날 성실히 응답해 주셨으므로 지금도 주님께서 응답해 주시리라는 것을 기대했다. 엘리야의 하나님께서는 또한 우리의 하나님이시므로 그분의 신빙성은 조금도 변하지 않았다.

주님, 나는 믿습니다.
나의 믿음 없음을 도와주소서.
주님께서 말씀하시고 나를 위해 행하신다는 기대를 키워주소서.

인내

너희에게 인내가 필요함은
너희가 하나님의 뜻을 행한 후에 약속을 받기 위함이라
〉〉 히 10 : 36

오직 너 하나님의 사람아 이것들을 피하고
의와 경건과 믿음과 사랑과 인내와 온유를 좇으며
〉〉 딤전 6 : 11

게으르지 아니하고 믿음과 오래 참음으로 말미암아
약속들을 기업으로 받는 자들을 본받는 자 되게 하려는 것이니라
〉〉 히 6 : 12

하나님께서는 어떤 일에 대해서 우리에게 즉석에서 말씀하지 않으신다. 우리는 적당한 시간 동안 기다린 후에야 특별한 계시를 들을 것이다.

우리는 인내하면서 그분의 말씀을 듣고자 하는 마음이 있어야 한다. 왜냐하면 기다림의 시간이 길어지면서 우리의 믿음은 점점 성장하기 때문이다. 그분께서 우리의 마음 속에 말씀하신다고 약속하셨기 때문에 그분께서 말씀하시기를 기대할 수 있는 것이지, 할 수 없이 우리가 알고 싶어하는 모든 것을 알고자 하는 즉시 말씀해 주시는 것이 아니다. 하나님께서는 기다리는 과정 속에서 그분의 말씀을 들을 수 있도록 우리를 변화시키시며, 준비시키고 계신다.

주님, 곤혹한 상황 가운데서 나로 하여금 인내하게 하소서.
나는 주님께서 나를 잊지 않으셨다는 것을 알고 있습니다.
주님께서 나를 위해 행하시기를 기다리는 동안에
나를 변화시키셔서 주님의 음성을 들을 수 있도록
나의 마음을 준비시켜 주소서.

하나님의 음성임을 깨닫는 방법

그리스도의 평강이 너희 마음을 주장하게 하라 평강을 위하여
너희가 한 몸으로 부르심을 받았나니 또한 너희는 감사하는 자가 되라
〉〉 골 3 : 15

주께서 심지가 견고한 자를 평강에 평강으로 지키시리니
이는 그가 주를 의뢰함이니이다
〉〉 사 26 : 3

평안을 너희에게 끼치노니 곧 나의 평안을 너희에게 주노라
내가 너희에게 주는 것은 세상이 주는 것 같지 아니하니라
너희는 마음에 근심도 말고 두려워하지도 말라
〉〉 요 14 : 27

하나님께서 말씀하신다는 가장 잘 알려진 표시는 영혼의 평온함이다. 처음에는 평화롭지 않을지도 모른다. 사실 온통 마음에 갈등과 다툼이 일어날지도 모른다. 그러나 주님의 말씀을 오래 들으면 들을수록 우리의 영혼은 더욱더 고요해지고 평화로워질 것이다.

우리는 사도 바울이 말한 "모든 지각에 뛰어난" 평강을 소유하기 시작한 것이다. 그것은 마치 요새와도 같이 우리를 둘러싼 평화일 것이고, 우리가 근심과 걱정과 좌절감에 압도당하지 않도록 해 줄 것이다. 그러한 평화가 우리에게 올 때, 우리는 하나님의 말씀을 들었다는 것을 알게 될 것이고, 그것이 하나님의 음성임을 확신하게 될 것이다.

오, 하나님. 주님의 음성이 오늘 나의 마음을 다스리게 하소서. 나를 도우소서. 주님에게 초점을 맞추게 하시고, 나의 환경을 바라보지 않게 하소서. 주님의 평화가 나의 근심과 걱정과 좌절감을 몰아내게 하시고, 오늘 내가 한 모든 결정을 판단해 주소서.

정서적 문제

당신이 어려움과 고난과 고초를 겪을지도 모르나
그분에게 닻을 내리는 한 당신에게는 소망이 있을 것이다

정서적인 무거운 짐

그날에 그의 무거운 짐이 네 어깨에서 떠나고
그의 멍에가 네 목에서 벗어지되 기름진 까닭에 멍에가 부러지리라
〉〉 사 10 : 27

네 짐을 여호와께 맡겨 버리라 너를 붙드시고
의인의 요동함을 영영히 허락지 아니하시리로다
〉〉 시 55 : 22

주의 성령이 내게 임하셨으니 이는
가난한 자에게 복음을 전하게 하시려고 내게 기름을 부으시고
나를 보내사 포로 된 자에게 자유를,
눈먼 자에게 다시 보게 함을 전파하며 눌린 자를 자유케 하고
주의 은혜의 해를 전파하게 하려 하심이라
〉〉 눅 4 : 18-19

 정서적인 무거운 짐이란 어떤 자극을 받거나, 어떤 일을 회상할 때면 계속적으로 충격을 줌으로써 그 사람의 행동과 삶에 대한 반응에 지속적인 영향을 주게 되는 느낌, 생각, 행동 양식이나, 과거의 경험들을 언급할 때 사용되는 용어이다.

 정서적인 무거운 짐은 한 사람을 영적인 노예로 만든다. 그러한 정서적인 무거운 짐은 하나님께서 원하시는 인간이 되지 못하도록 만든다.

 정서적인 무거운 짐은 결국 예수님께서 우리에게 주시고자 하시는 자유를 경험할 수 없게 만들기 때문에 지혜로운 사람은 그 짐을 처리하려고 할 것이다.

사랑하는 주님,
그토록 오랫동안 내가 짊어지고 다녔던
무거운 짐을 주님께 드리니 받아 주소서.
나를 짓누르는 무거운 짐에서 나를 풀어주소서.

무거운 마음의 짐을 가볍게

육신의 생각은 사망이요 영의 생각은 생명과 평안이니라
〉〉 롬 8 : 6

너희 염려를 다 주께 맡겨 버리라 이는 저가 너희를 권고하심이니라
〉〉 벧전 5 : 7

도적이 오는 것은 도적질하고 죽이고 멸망시키려는 것뿐이요
내가 온 것은 양으로 생명을 얻게 하고 더 풍성히 얻게 하려는 것이라
〉〉 요 10 : 10

어떤 사람들은 자신의 과거를 내려놓는데 대한 죄의식을 느낀다. 그들은 마치 그것이 자신들의 지난날 맺고 있었던 인간 관계를 저버리는 것처럼, 또는 그들이 용서하고, 잊어버리고, 자유롭게 해 준 사람들에게 상처를 주고 있는 것처럼 느끼는 듯하다. 만약 그것이 바로 오늘 당신이 갖고 있는 두려움이라면 예수님께서 그 모든 죄의식에서 당신을 자유롭게 해 주실 것이라는 확신을 가지라. 그리고 당신의 과거를 내버린다는 것은 주님께서 다른 사람의 삶 속에서 온전히 역사 하실 수 있도록 주님을 자유롭게 해 드리는 것이기도 하다.

정신적인 무거운 짐을 벗어버리고 자유로운 삶을 살아나갈 때만큼 위로 받고, 용기를 얻고, 활기 차고, 기쁠 일은 아무것도 없을 것이다.

하나님, 나는 어째서 충만한 삶을 풍성히 누리지 못하게
나를 방해하는 것들에 매달려 있는 것일까요?
나를 도우사 내 무거운 짐을 내려놓고, 내 짐을 가볍게
할 수 있도록 하소서. 나는 나의 과거를 버리기를 원합니다.

걱정

아무 것도 염려하지 말고 오직 모든 일에 기도와 간구로, 너희 구할 것을 감사함으로 하나님께 아뢰라 그리하면 모든 지각에 뛰어난 하나님의 평강이 그리스도 예수 안에서 너희 마음과 생각을 지키시리라

〉〉 빌 4 : 6-7

근심이 사람의 마음에 있으면 그것으로 번뇌케 하나 선한 말은 그것을 즐겁게 하느니라

〉〉 잠 12 : 25

또 제자들에게 이르시되 그러므로 내가 너희에게 이르노니 너희 목숨을 위하여 무엇을 먹을까 몸을 위하여 무엇을 입을까 염려하지 말라 목숨이 음식보다 중하고 몸이 의복보다 중하니라 까마귀를 생각하라 심지도 아니하고 거두지도 아니하며 골방도 없고 창고도 없으되 하나님이 기르시나니 너희는 새보다 얼마나 더 귀하냐

〉〉 눅 12 : 22-24

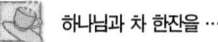

걱정을 이겨내기 위해 당신은 먼저 미래에 대한 두려움을 처리해야 하며 그 어떠한 일이 일어난다 하더라도 행로를 벗어나지 않기 위해서 인생의 닻을 내릴 수 있는 그 무엇이 필요하다.

그것은 오직 하나님 한 분 뿐이시며 그 하나님이 누구신지 알 수 있는 유일한 방법은 오직 예수 그리스도를 통해서이다.

당신이 하나님과 교제를 한다면 그분께서는 당신의 삶 가운데 그 어떤 일이 일어나든지 이에 맞서 싸워 승리할 수 있게 해 주실 것이다.

당신이 어려움과 고난과 고초를 겪을지도 모르나 그분에게 닻을 내리는 한 당신에게는 소망이 있을 것이다.

하나님, 내가 주님 안에 안전하게 거하게 됨을 감사 드립니다.
나의 두려움과 걱정을 거두어 주시고,
주님을 향한 믿음으로 바꾸어 주소서.
나는 나의 미래를 주님의 손에 맡깁니다.

지쳐버린 자들

수고하고 무거운 짐진 자들아 다 내게로 오라
내가 너희를 쉬게 하리라
〉〉〉 마 11 : 28

근심하지 말라 여호와를 기뻐하는 것이 너희의 힘이니라
〉〉〉 느 8 : 10

너는 여호와를 바랄찌어다 강하고 담대하며 여호와를 바랄찌어다
〉〉〉 시 27 : 14

당신은 이 세상의 무거운 짐을 주님께 옮겨 놓기보다는 당신도 모르는 사이에 그것들을 자신의 어깨에 짊어지지는 않았는가? 당신은 기쁨을 주시는 주님을 신뢰하기보다는 이 세상이 당신이 찾고 있는 행복을 주지 않는다고 실망하지는 않는가?

당신의 주의와 정서적인 에너지를 모두 빼앗아 가는 것들과 맞서라. 그러면 당신의 에너지와 기쁨이 되돌아올 것이다. 당신이 만약에 교회에 출석하기에는 너무 바쁘고, 기도하기에는 너무 피곤하고, 하나님의 말씀을 읽기에는 마음이 너무 많이 빼앗겨 있다면 당신의 우선 순위를 다시 한번 살펴보라. 당신이 하고 있던 모든 일을 뒤로 제쳐놓고, 당신의 생활을 재평가해 보라.

하나님, 내가 지쳐있는 것은 나의 책임이라는 것을 깨닫습니다.
나의 마음 속에 있는 아픔을 고쳐 주소서.
나로 하여금 주님의 사랑과 긍휼하심과
주님께서 나와 함께 하고 계심을 확신할 수 있게 해 주소서.

두려움

하나님이 우리에게 주신 것은 두려워하는 마음이 아니요
오직 능력과 사랑과 근신하는 마음이니
〉〉 딤후 1 : 7

사랑 안에 두려움이 없고 온전한 사랑이 두려움을 내어쫓나니
두려움에는 형벌이 있음이라 두려워하는 자는
사랑 안에서 온전히 이루지 못하였느니라
〉〉 요일 4 : 18

여호와는 나의 빛이요 나의 구원이시니 내가 누구를 두려워하리요
여호와는 내 생명의 능력이시니 내가 누구를 무서워하리요
〉〉 시 27 : 1

하나님과 차 한잔을 …

마음을 사로잡고 있는 두려움은 하나님으로부터 온 것이 아니다. 주님께서는 우리가 '이것은 좋을 것이 없어'라든지 '이것은 나를 망쳐 버릴 거야'라는 생각과 느낌을 갖고 반응하게끔 하는 일은 행하지 않으신다. 하나님께서는 그분의 자녀들이 당황하거나, 그들의 삶을 지탱하고 있던 것들을 잃어버린 듯한 절망감을 주지 않으신다. 우리가 두려움에 맞서는 자신감과 권위를 가지기를 하나님께서는 바라신다.

하나님의 자녀로서 당신은 두려움과 또 두려움을 갖게 하는 사람을 향해서 명령 할 수 있는 권위를 가지고 있다. 두려움을 내어쫓으라. 두려움을 갖게 만드는 사람에게 그 말을 멈추라고 명령하라.

하나님, 두려움이 주님으로부터 온 것이 아님을 알고 있습니다.
나는 그것을 예수님의 이름으로 내어쫓습니다.
나는 두려움을 갖게 하는 음성을 듣지 않고
주님의 평화를 내 마음에 영접하겠습니다.
주님께서는 나의 보호자이시며, 공급자이시며, 안내자 되심을 믿습니다.

실망

자족하는 마음이 있으면 경건이 큰 이익이 되느니라
〉〉〉 딤전 6 : 6

내 영혼아 네 평안함에 돌아갈지어다
여호와께서 너를 후대하심이로다
〉〉〉 시 116 : 7

너희는 여호와의 선하심을 맛보아 알지어다
그에게 피하는 자는 복이 있도다
〉〉〉 시 34 : 8

불안함과 실망은 내적인 현상이다. 불안함은 당신의 실패감
이나 열등감이나 완벽하고자 하는 욕구에서 온 것이 아닐 경우
가 종종 있지만, 실망은 하나님께서 계신 당신의 영혼에 자리
를 잡고 있다.

하나님께서 당신의 마음 속에 주신 불안함과 영적인 실망감
은 당신 생활의 우선 순위를 재분류하고, 별 관계가 없고, 중
요하지 않거나, 또는 당신을 향한 하나님의 뜻이 아닌 것들을
잘라 버릴 수 있는 곳에 이르게 할 수 있다. 당신이 하나님을
신뢰할 때, 불안함에 대한 해답을 얻게 된다.

사랑하는 아버지, 내가 실망하는 이유를 알려주시고
이에 정면으로 맞설 수 있는 용기를 주소서.
나는 주님께서 내 삶을 변화시켜 주시고 주님께서 나를 위해
계획하신 길로 인도해 주실 줄 믿습니다.
나에게 주님의 평강을 주소서.

열등감

우리는 그의 만드신바라 그리스도 예수 안에서
선한 일을 위하여 지으심을 받은 자니 이 일은 하나님이 전에 예비하사
우리로 그 가운데서 행하게 하려 하심이니라
〉〉 엡 2 : 10

오직 우리 주 곧 구주 예수 그리스도의 은혜와 저를 아는 지식에서
자라 가라 영광이 이제와 영원한 날까지 저에게 있을찌어다
〉〉 벧후 3 : 18

우리가 다 수건을 벗은 얼굴로 거울을 보는 것 같이
주의 영광을 보매 저와 같은 형상으로 화하여
영광으로 영광에 이르니 곧 주의 영으로 말미암음이니라
〉〉 고후 3 : 18

열등감은 어디까지나 느낌일 따름이다. 하나님께서는 우리 가 무엇을 가졌느냐에 가치를 두지 않으시고, 우리가 누구를 가졌느냐 즉, 우리 개개인의 구세주 되시는 예수 그리스도와 영존 하시는 위로자시며, 상담자이신 성령님을 소유 하고 있느 냐에 가치를 두신다.

하나님께서는 우리의 행위나 성취한 것에 가치를 두지 않으 시고, 삶 가운데 거저 주시는 하나님의 은혜와 용서의 선물을 우리가 받아들였는지에 가치를 두신다.

하나님께서는 우리가 누구를 알거나, 어디에 살거나, 어떻 게 보는가에 가치를 두시지 않고, 우리가 우리의 구세주로서의 예수 그리스도를 아는지, 믿는지, 따르는지에 가치를 두신다.

> 주님, 주님만이 내가 할 수 있는 것을 모두 아십니다.
> 나의 잠재력을 일깨워 내어 실제로 발휘하게 하소서.
> 오늘 나는 내 스스로의 힘으로 완벽해 지고자 애쓰는 일을 멈추겠습니다.

죄의식

나 곧 나는 나를 위하여 네 허물을 도말하는 자니
네 죄를 기억지 아니하리라
〉〉 사 43 : 25

하나님이 그 아들을 세상에 보내신 것은
세상을 심판하려 하심이 아니요
저로 말미암아 세상이 구원을 받게 하려 하심이라
〉〉 요 3 : 17

그러므로 이제 그리스도 예수 안에 있는 자에게는
결코 정죄함이 없나니
〉〉 롬 8 : 1

  당신이 지난날 한 번이나 또는 한 번 이상 하나님을 실망시킨 적이 있기 때문에 하나님께서 앞으로 당신을 다시는 사용하지 않으시리라고 추측을 한다면 당신은 하나님을 제한시키고 있는 것이다.

  하나님께서는 우리가 가진 인간으로서의 약점을 알고 계신다. 그분께서는 그 약점을 극복하는 방법과 그 약점들을 통해서, 그 주위에서, 또 그 내부에서 역사하시는 방법도 아신다.
  하나님께서는 우리의 잘못을 고치는 방법을 알고 계신다. 성경은 우리가 우리의 죄를 회개하면 하나님께서는 용서해 주시고 그것을 잊으신다고 우리에게 분명하게 말씀해 준다.

> 사랑하는 주님,
> 나는 지난날 내가 지은 죄에 대한 죄의식을 갖지 않겠습니다.
> 왜냐하면 주님께서 이미 내 죄를 용서해 주셨기 때문입니다.
> 나는 주님께서 나의 잘못을 바로잡아 주시고 그것을 통해서,
> 그 주위에서, 또 그 내부에서 역사하실 줄 믿습니다.

고독

너희는 마음에 근심하지 말라 하나님을 믿으니 또 나를 믿으라 내 아버지 집에 거할 곳이 많도다 그렇지 않으면 너희에게 일렀으리라 내가 너희를 위하여 처소를 예비하러 가노니 가서 너희를 위하여 처소를 예비하면 내가 다시 와서 너희를 내게로 영접하여 나 있는 곳에 너희도 있게 하리라

〉〉〉 요 14 : 1-3

보라 너희가 다 각각 제 곳으로 흩어지고 나를 혼자 둘 때가 오나니
벌써 왔도다 그러나 내가 혼자 있는 것이 아니라
아버지께서 나와 함께 계시느니라

〉〉〉 요 16 : 32

그가 친히 말씀하시기를 내가 과연 너희를 버리지 아니하고
과연 너희를 떠나지 아니하리라 하셨느니라

〉〉〉 히 13 : 5

 하나님과 차 한잔을 …

예수 그리스도를 구세주로 믿기만 하면 당신은 이제 영원히 혼자가 아니다. 하나님께서는 예수님을 당신의 삶 가운데 영접할 때, 당신 속에 거하러 오시고, 포도나무와 그 가지가 서로 연결되어 있는 것과 마찬가지로 예수님께서는 당신과 연결된다고 말씀하신다. 당신은 그분과 가능한 가장 친밀한 교제 즉, 영원한 영적인 교제를 하는 것이다.

주님께서 당신과 함께 경험하기를 간절히 바라고 원하시는 친밀한 영적 사귐은 다른 모든 사람이 당신을 저버린다고 해도 당신이 믿고 의지할 수 있는 그 무엇이다.

주님, 내가 외롭게 되기를 바라지 않으신다는 것을 압니다.
나는 외로움에서 풀려나기를 원합니다.
나는 주님께서 내 삶에 완전한 만족이 되시리라 믿습니다.
나는 나의 공허함을 주님께서 채워주실 줄 믿습니다.

스트레스

예수의 소문이 더욱 퍼지매 허다한 무리가 말씀도 듣고
자기 병도 나음을 얻고자 하여 모여 오되
예수는 물러가사 한적한 곳에서 기도하시니라
〉〉〉 눅 5 : 15,-16

여호와 앞에 잠잠하고 참아 기다리라 자기 길이 형통하며
악한 꾀를 이루는 자를 인하여 불평하여 말지어다
〉〉〉 시 37 : 7

그러므로 우리는 두려워할지니
그의 안식에 들어갈 약속이 남아 있을지라도 너희 중에
혹 미치지 못할 자가 있을까 함이라… 이미 그의 안식에 들어간 자는
하나님이 자기 일을 쉬심과 같이 자기 일을 쉬느니라
〉〉〉 히 4 : 1,10

스트레스는 단순한 주위의 상황이 아니라, 그 상황에 대한 반응이다. 스트레스는 특히 가족 구성원과 하나님과 그리스도의 지체와의 관계를 해칠 수 있다.

하나님께서는 당신을 스트레스로 가득한 삶 가운데로 인도하고자 하지 않으신다. 예수님께서는 끔찍한 고뇌를 알고 계신다. 누가는 예수님께서 고뇌하실 때, 가서 기도하셨다고 전한다. 예수님의 이러한 본을 따르기 위해 당신은 훌륭하게 행동할 것이다. 예수님께서 하나님 아버지와 함께 하시기 위해서 물러가 기도하심으로써 삶의 고뇌로부터 자유로워졌다면 당신도 역시 할 수 있으리라고 생각한다.

주님, 스트레스에서 나를 풀어 주소서.
내 무거운 짐과 의무들을 원래 자리인 예수님께 던져 버립니다.
내 삶의 모든 부분을 관리해 주소서.

근심

너희는 스스로 조심하라 그렇지 않으면
방탕함과 술취함과 생활의 염려로 마음이 둔하여지고
뜻밖에 그 날이 덫과 같이 너희에게 임하리라
〉〉 눅 21 : 34

가시떨기에 떨어졌다는 것은 말씀을 들은 자니
지내는 중 이생의 염려와 재리와 일락에
기운이 막혀 온전히 결실치 못하는 자요
〉〉 눅 8 : 14

내가 여호와께 구하매 내게 응답하시고
내 모든 두려움에서 나를 건지셨도다
〉〉 시 34 : 4

우리는 바쁘면 바쁠수록 더욱더 근심하기가 쉽다. 근심되는 시험이 크면 클수록 하나님과 단 둘이 있을 필요성은 커진다. 예수님께서도 근심할 이유가 있었지만, 그 근심으로 인해 예수님께서는 하나님과 함께 보낼 이유가 더 많으셨다.

근심하는 습관을 없애기 위해서 당신은 기도하는 습관을 길러야 한다. 바로 그 기도를 통해서 인간 관계나 건강을 희생하지 않고도 생활의 스트레스를 처리하기 위한, 당신에게 필요한 통찰력과 평화를 얻을 수 있다.

주님, 지난날 주님께서 신실하셨음에 감사 드리며,
또 현재에도 계속해서 신실하심에 감사를 드립니다.
나에게 올바른 통찰력을 주셔서 주님의 능력으로
삶 속에서 일어나는 상황들을 다룰 수 있게 하소서.

용서

용서란 의지의 행위이다
어떤 사람을 용서하겠다고 결심할 때
믿음에 의한 용서의 행동이 뒤따라야 한다

용서와 자유

죄에게서 해방되어 의에게 종이 되었느니라
〉〉 롬 6 : 18

우리가 우리에게 죄 지은 자를 사하여 준 것같이
우리 죄를 사하여 주옵시고
〉〉 마 6 : 12

너희는 스스로 조심하라 만일 네 형제가 죄를 범하거든
경계하고 회개하거든 용서하라
〉〉 눅 17 : 3

용서란 어떤 사람이 당신에게 옳지 않은 일을 행한 결과로 당신에게 진 의무에서 그 사람을 자유롭게 해 주는 행위이다. 용서는 세 가지 요소를 포함한다. 그것은 손상, 손상으로 인한 빚, 그리고 그 빚의 말소이다. 이 세 가지 요소는 모두 용서를 할 때, 꼭 필요하다.

용서하는 것은 때로 고통스럽기도 하지만, 해방되는 것이다. 당신의 마음 속에 품고 있던 죄의식과 불쾌함과 분노의 무거운 짐으로부터 당신이 자유로워지기 때문에 용서는 해방되는 것이다. 또 당신 자신의 잘못을 가지고서 자신과 하나님과 다른 사람들과 맞부딪쳐야 하는 것이 힘들기 때문에 용서가 고통스럽다는 것이다.

사랑의 주님, 용서치 않는 나의 마음에서 자유롭게 하소서.
내 마음 속에 품고 있는 죄의식과 불쾌함과
분노의 무거운 짐을 없애 주시고,
성령님의 치료의 기름으로 나의 상처를 치유해 주소서.

불쾌함

너희 마음 속에 독한 시기와 다툼이 있으면
자랑하지 말라 진리를 거스려 거짓하지 말라
〉〉〉 약 3 : 14

너희는 모든 악독과 노함과 분냄과 떠드는 것과
훼방하는 것을 모든 악의와 함께 버리고
〉〉〉 엡 4 : 31

모든 사람으로 더불어 화평함과 거룩함을 좇으라
이것이 없이는 아무도 주를 보지 못하리라 너희는 돌아보아
하나님 은혜에 이르지 못하는 자가 있는가 두려워하고
또 쓴 뿌리가 나서 괴롭게 하고 많은 사람이 이로 말미암아
더러움을 입을까 두려워하고
〉〉〉 히 12 : 14-15

불쾌함은 용서하거나 용서받을 수 없는 데서 그 원인이 있는 경우가 많다. 그것은 우리의 평화를 빼앗아 가고, 우리의 인간 관계를 파괴시키면서, 서서히 우리를 갉아먹는 범인이다.

불쾌함은 죄의식으로 위장한다. 우리는 다른 사람에게 행하는 식으로 감정을 품어서는 안 된다는 것과 또 하나님께서는 우리가 분노에 가득 차 있는 것을 바라지 않으신다는 것을 알고 있다. 불쾌함은 우리를 파멸시키거나, 또는 하나님께서 원하시는 사람으로 우리를 성장시켜 줄 수도 있다. 그러므로 우리는 우리의 환경과 상처가 하나님께서 우리의 영적 생활을 더욱 성장시키는데 사용하시는 도구라는 관점으로 택해야 한다.

내가 불쾌함을 가졌음을 회개합니다.
주님께서는 용서하지 않는 일이 없으십니다.
그러므로 나도 용서하지 않을 수 없습니다.
주님, 나에게 상처를 주는 사람들을, 내 삶을 주님의 목적에 맞게
빚으시려는 주님 손에 잡으신 도구로 바라보게 하소서.

영적 수술

나를 책망한 자가 원수가 아니라 원수일진대 내가 참았으리라
나를 대하여 자기를 높이는 자가 나를 미워하는 자가 아니라
미워하는 자일찐대 내가 그를 피하여 숨었으리라 그가 곧 너로다
나의 동류, 나의 동무요 나의 가까운 친우로다
우리가 같이 재미롭게 의논하며 무리와 함께 하여
하나님의 집안에서 다녔도다
〉〉 시 55 : 12-14

형제들아 나는 아직 내가 잡은 줄로 여기지 아니하고
오직 한 일 즉 뒤에 있는 것은 잊어버리고 앞에 있는 것을 잡으려고
〉〉 빌 3 : 13

당신은 최근이나 또는 지난날, 해를 입거나 상처를 받았던 적이 있었는가? 당신은 그것을 다른 그 어떤 것이나 사람에게 떠넘겨서 그것을 잊어버리려고 하는 버릇이 있는가? 당신은 계속해서 그 흉악한 몰골을 드러내는 고통스러운 감정을 애써 묻어버리려는 습관이 있는가? 만약에 당신이 이러한 질문 중에 그 어떤 것에라도 "예"라는 대답을 했다면 당신에게는 당신이 용서해야 할 사람이 있으며 용서하지 못하는 마음을 품고 있는 것이 분명하다.

하나님께서는 영적 수술을 하기를 원하신다. 그분께서는 불쾌감과 상처를 제거하기를 바라신다. 고통스럽겠지만, 그러나 치료될 것이다.

주님, 나의 지난날의 상처를 없애 주소서.
나는 지금 즉시 주님께 그 상처를 드리겠습니다.
영적 수술을 해 주셔서 나의 불쾌함을 제거해 주소서.
내 마음 속 깊숙이 있는 상처를 치유해 주소서.
나는 주님께 그 모든 상처를 내어놓습니다.

자기 용서

동이 서에서 먼 것같이 우리 죄과를 우리에게서 멀리 옮기셨으며
〉〉〉 시 103 : 12

내가 그들의 죄악을 사하고 다시는 그 죄를 기억지 아니하리라
〉〉〉 렘 31 : 34

허물의 사함을 얻고 그 죄의 가리움을 받은 자는 복이 있도다
〉〉〉 시 32 : 1

우리 중에는 자기 자신을 용서할 수 없는 사람이 있다는데 문제가 있다. 우리는 자신이 행한 일을 모두 바라보면서, 용서 받을 수 없다고 생각한다.

우리는 마음 속으로 죄와 자기 용서는 반비례한다고 짐작하는 경향이 있다. 즉, 죄가 클수록 용서를 더 적게 받는다는 것이고, 이와 마찬가지로 죄가 적을수록 용서를 더 많이 받는다는 것이다.

믿는 자의 생활 가운데서 어떤 죄는 더 심한 비난과 벌을 받기도 하지만 하나님의 관점에서 보면 죄는 죄일 따름이다. 모든 죄를 다 다루시는 것이 하나님께서 죄를 바라보시는 관점이듯이, 그분께서 보시는 용서의 관점도 이와 마찬가지이다.

하늘에 계신 아버지,
나는 주님께서 주시는 용서의 선물을 받아들이고,
주님께서 나를 용서해 주셨으므로 나도 나 자신을 용서하겠습니다.
이 순간부터 나를 억누르고 있던 모든 것에서 자유로워지겠습니다.

다른 사람에 대한 용서

너희가 사람의 과실을 용서하면 너희 천부께서도 너희 과실을
용서하시려니와 너희가 사람의 과실을 용서하지 아니하면
너희 아버지께서도 너희 과실을 용서하지 아니하시리라
〉〉〉 마 6 : 14-15

그 때에 베드로가 나아와 가로되 주여 형제가 내게 죄를 범하면
몇 번이나 용서하여 주리이까 일곱 번까지 하오리이까
예수께서 가라사대 네게 이르노니 일곱 번 뿐 아니라
일흔 번씩 일곱 번이라도 할찌니라
〉〉〉 마 18 : 21-22

서서 기도할 때에 아무에게나 혐의가 있거든 용서하라 그리하여야
하늘에 계신 너희 아버지도 너희 허물을 사하여 주시리라 하셨더라
〉〉〉 막 11 : 25

용서란 의지의 행위이다. 어떤 사람을 용서하겠다고 결심할 때, 믿음에 의한 용서의 행동이 뒤따라야 한다.

용서의 과정이 마치게 되면 여러 가지의 놀라운 일들이 일어날 것이다.

첫 번째, 우리가 가진 부정적인 감정들이 사라질 것이다. 두 번째, 우리는 우리에게 상처를 준 사람들이 변화되어야 한다는 느낌을 갖지 않고도 그 사람들을 받아들이기가 훨씬 쉬워진다는 것을 알게 될 것이다. 세 번째, 다른 사람의 필요에 대한 관심이 그들이 우리에게 무엇을 해 주었느냐에 대한 관심보다 더 커질 것이다.

주님, 나는 ○○○을(를) 용서하겠습니다.
나 자신의 힘으로는 용서할 수 없기 때문에
예수님의 이름과 성령님의 능력으로 용서하겠습니다.
○○○에 대한 부정적인 감정을 주님의 자비로우심과
관심이 가득한 마음으로 바꾸어 주소서.

인간 관계

자녀는 하나님께서 가정에 주신 최고의 선물이다
좋은 선물을 주시는 그분께서 주신 선물에 따른
엄청난 의무와 시간적 책임을 알고 계신다

가족

내 안에 거하라 나도 너희 안에 거하리라 가지가 포도나무에 붙어 있지
아니하면 절로 과실을 맺을 수 없음 같이 너희도 내 안에 있지 아니하면
그러하리라 나는 포도나무요 너희는 가지니 저가 내 안에, 내가 저 안에
있으면 이 사람은 과실을 많이 맺나니 나를 떠나서는 너희가 아무것도
할 수 없음이라

〉〉 요 15 : 4-5

네 집 내실에 있는 네 아내는 결실한 포도나무 같으며
네 상에 둘린 자식은 어린 감람나무 같으리로다

〉〉 시 128 : 3

악인의 집에는 여호와의 저주가 있거니와 의인의 집에는 복이 있느니라

〉〉 잠 3 : 33

 하나님과 차 한잔을 …

    족보를 조사해 보면 실망하게 될 수가 있다. 우리는 어떤 가문이 다른 가문들보다 더 가치가 있다고 자랑스러워한다. 또 어떤 가족들은 나무 전체를 베어버리고 싶어할 지도 모른다. 그러나 하나님께서는 다르시다. 그분께서는 그 배후 사정에 상관없이 나무에 있는 가지들을 돌보신다. 예수님께서는 자신을 포도나무라고 부르신다. 포도나무에서 나뭇가지로 생명은 흘러간다. 포도원지기와도 같이 주님께서는 그 나뭇가지 모두를 지켜보신다.

    우리와 가족의 삶 속에서 우리의 가지를 지나 흐르는 포도나무의 생명력은 우리가 해야 할 것을 할 수 있도록 해 준다. 하나님께서는 그런 원리를 떠나서는 우리가 해야 할 것을 할 수 없음을 아주 분명히 알고 계신다.

> 사랑의 하나님,
> 나에게 가족을 주심을 감사합니다.
> 주님의 능력이 우리 가정의 나뭇가지마다 흘러서
> 가족 모두에게 생명력과 건강을 주소서.

친구

두 사람이 의합지 못하고야 어찌 동행하겠으며
〉〉 암 3 : 3

두 사람이 한 사람보다 나음은 저희가 수고함으로
좋은 상을 얻을 것임이라 혹시 저희가 넘어지면
하나가 그 동무를 붙들어 일으키려니와 홀로 있어
넘어지고 붙들어 일으킬 자가 없는 자에게는 화가 있으리라
〉〉 전 4 : 9-10

지혜로운 자와 동행하면 지혜를 얻고
미련한 자와 사귀면 해를 받느니라
〉〉 잠 13 : 20

이해는 친구 관계에 있어서 중요한 역할을 한다. 그러나 이해는 친구를 선택하는데 있어서 만족할 만한 충분한 이유는 아니다. 그러나 하나님께서 보시는 친구의 표준은 이해, 그 이상의 것이다. 하나님께서는 단지 당신을 이해할 뿐만 아니라, 당신을 사랑하는 친구가 필요하다는 것을 알고 계신다. 진정한 친구는 당신의 있는 그대로를 이해하지만 그 친구는 당신을 너무 사랑한 나머지 당신이 있는 그대로 내버려 둘 것이다.

하나님께서는 당신의 친구 관계에 대해 한 계획을 갖고 계신다. 왜냐하면 당신의 친구들이 당신의 삶의 질과 방향을 결정한다는 것을 아시기 때문이다. 대답해야 할 진짜 중요한 문제는 "하나님께서 당신 친구들의 주님이 되시는가?"이다.

오, 주님. 나의 친구들의 주님이 되시옵소서.
나를 도우사 내 삶에 대한 주님의 계획의 일부가 될 수 있는
경건한 친구를 선택할 수 있도록 하시고
내가 그들에게 좋은 친구가 되도록 하소서.

투명성

친구의 통책은 충성에서 말미암은 것이나
원수의 자주 입맞춤은 거짓에서 난 것이니라
〉〉 잠 27 : 6

기름과 향이 사람의 마음을 즐겁게 하나니
친구의 충성된 권고가 이와 같이 아름다우니라
〉〉 잠 27 : 9

철이 철을 날카롭게 하는 것 같이
사람이 그 친구의 얼굴을 빛나게 하느니라
〉〉 잠 27 : 17

당신은 오늘 도움이 필요한가? 당신에게 필요한 도움을 얻는 첫 번째 단계는 누군가의 도움이 필요하다는 것을 인정하는 것이다. 맨 먼저, 하나님께 당신 자신과 당신의 노력이 한계에 달했다는 것을 아뢰라. 당신이 한계에 달한 그 순간에 하나님께서 그분의 사역을 시작하실 수 있다.

당신이 가진 가장 깊은 마음의 상처를 함께 나눌 사람을 찾았을 때, '그 사람이 나에게 진리를 말해 줄 것인가?' '그 사람은 정서적, 영적으로 건강한 사람인가?' 를 자문해 보라.

그리고 당신이 조언을 받을 때, '그 조언이 나에게 진리를 알려 주고 있다는 나의 영 속에 내적 확신이 있는가?' 를 자문해 보라.

주님, 나는 홀로 버둥대고 애쓰는 일에 지쳐버렸습니다.
나의 생활 속에 내가 솔직해 질 수 있는,
또 내가 주님 안에서 성장하는데 도움을 주는 진리를 말해 줄 수 있는
진정한 친구를 나의 삶 속에 보내어 주소서.

부모 역할

대저 내가 갈한 자에게 물을 주며 마른 땅에 시내가 흐르게 하며
나의 신을 네 자손에게, 나의 복을 네 후손에게 내리리니
그들이 풀 가운데서 솟아나기를 시냇가의 버들 같이 할 것이라
〉〉 사 44 : 3-4

의인의 집은 서 있으리라
〉〉 잠 12 : 7

네 모든 자녀는 여호와의 교훈을 받을 것이니
네 자녀는 크게 평강할 것이며
〉〉 사 54 : 13

하나님께서는 완벽한 어버이시다. 그러나 그분의 첫 두 자녀는 완벽하지 않았다. 그러므로 그분께서는 부모 역할의 시련과 기쁨을 알고 계신다.

자녀는 하나님께서 가정에 주신 최고의 선물이다. 좋은 선물을 주시는 그분께서 주신 선물에 따른 엄청난 의무와 시간적 책임을 알고 계신다. 그분께서는 거기에 비록 환불 보증이나 담보는 포함시키지 않지만, 부모 역할 지침서는 포함시키신다. 그 부모 역할 지침서를 잘 익힐수록 우리는 보다 효과적으로 부모 역할을 할 수 있게 된다.

사랑의 주님, 내가 기뻐하는 것은 주님께서 내가 나의 자녀로 인한 무거운 짐을 갖고 있다는 것을 아시기 때문입니다. 나는 나의 자녀가 주님께서 주신 선물이라는 것을 깨달았고 또 감사를 드립니다. 나에게 지혜를 주셔서 부모 역할 지침서인 주님의 말씀으로 그들의 삶을 인도할 수 있게 하소서.

자녀

자식은 여호와의 주신 기업이요 태의 열매는 그의 상급이로다
〉〉〉 시 127 : 3

사람들이 예수의 만져주심을 바라고 어린 아이들을 데리고 오매
제자들이 꾸짖거늘 예수께서 보시고 분히 여겨 이르시되
어린 아이들의 내게 오는 것을 용납하고 금하지 말라
하나님의 나라가 이런 자의 것이니라
〉〉〉 막 10 : 13-14

누구든지 내 이름으로 이 어린 아이를 영접하면 곧 나를 영접함이요
또 누구든지 나를 영접하면 곧 나 보내신 이를 영접함이라
너희 모든 사람 중에 가장 작은 그이가 큰 자니라
〉〉〉 눅 9 : 48

자녀는 보배와도 같이 소중하다. 하나님께서는 이스라엘 부모들에게 그들의 어린 자녀들을 지도하는 방법에 대한 완벽한 가르침을 주셨다. 그것은 하나님께 중요한 일이었고, 오늘날에도 마찬가지로 중요하다.

우리는 우리의 자녀들과 우리 주위에 있는 어린이들을 가르쳐야만 한다. 그들은 중요하기 때문이다. 때로 우리는 그들의 생각과 욕구와 능력을 과소 평가 하는 경우가 있다. 우리가 자녀를 대하는 데 있어서 균형이 필요하나 균형은 엄청난 사랑을 마구 퍼부어 주는 것을 포함하기도 한다. 하늘에 계신 우리 아버지가 바로 그렇게 하신다. 하나님께서는 훈계하시며, 또 사랑을 마구 쏟아 부어 주신다. 그분께서는 성경 말씀을 통해 우리에게 끊임없이 그것을 확인시켜 주신다.

주님께서 자녀라는 특별한 보물을 주심에 감사 드립니다.
내가 그들에게 적당히 균형 잡힌 사랑과
훈계를 할 수 있도록 도우소서.
그들을 사탄의 덫에서 지키시고,
주님 말씀의 굳건한 능력으로 강건하게 자라게 하소서.

팀워크 (Team Work)

이러므로 너희는 나의 이 말을 너희 마음과 뜻에 두고 또 그것으로
너희 손목에 매어 기호를 삼고 너희 미간에 붙여 표를 삼으며 또 그것을
너희의 자녀에게 가르치며 집에 앉았을 때에든지, 길에 행할 때에든지,
누웠을 때에든지, 일어날 때에든지 이 말씀을 강론하고
>》 신 11 : 18-19

오직 너는 스스로 삼가며 네 마음을 힘써 지키라 두렵건대
네가 그 목도한 일을 잊어버릴까 하노라 두렵건대
네 생존하는 날 동안에 그 일들이 네 마음에서 떠날까 하노라
너는 그 일들을 네 아들들과 네 손자들에게 알게 하라
>》 신 4 : 9

완전히 행하는 자가 의인이라 그 후손에게 복이 있느니라
>》 잠 20 : 7

자녀들을 당신의 팀에 두기 위해서는 당신은 처음부터 그들이 당신 팀의 일원이 되기를 원한다는 것을 알려 주어야 한다. 그것을 전달하는 강도에 따라서 그들 자신의 자아상에 많은 영향을 주고, 아울러 가족 구성원으로서 역할을 다할 수 있는 능력과 열정에 영향을 주게 된다. 당신의 자녀에게 영향을 주는 것은 당신이 무슨 생각을 하느냐가 아니라 당신이 무슨 말을 하느냐이다.

당신의 자녀들을 당신의 팀에 두기 위해서는 당신은 하나님을 믿는 믿음의 본이 되고, 잘못했을 때에 이를 인정하고, 당신만의 독특한 역할의 본이 됨으로써 당신의 신앙 고백을 깨끗이 간직해야 한다.

하나님, 나를 도우사 나의 자녀를 주님께서 주신 특별한 선물로 바라보게 하소서. 나에게 자녀들을 사랑할 수 있는 힘과 조건 없이 용납할 수 있는 능력을 주소서. 나를 도우사 나로 믿음의 본이 되고, 나의 행동과 말을 통해서 그들을 향한 주님의 사랑을 전하게 하소서.

시험

지혜로운 사람은 삶 가운데서
꼭 일어날 수 밖에 없는 일들에 대해서 대비한다
시험은 불가피한 일이다

우리의 위대한 방어자

사람이 감당할 시험 밖에는 너희에게 당한 것이 없나니 오직 하나님은
미쁘사 너희가 감당치 못할 시험당함을 허락지 아니하시고 시험당할
즈음에 또한 피할 길을 내사 너희로 능히 감당하게 하시느니라

〉〉 고전 10 : 13

내 형제들아 너희가 여러 가지 시험을 만나거든 온전히 기쁘게 여기라
이는 너희 믿음의 시련이 인내를 만들어 내는 줄 너희가 앎이라
인내를 온전히 이루라 이는 너희로 온전하고 구비하여
조금도 부족함이 없게 하려 함이라

〉〉 약 1 : 2-4

우리를 시험에 들게 하지 마옵시고 다만 악에서 구하옵소서
나라와 권세와 영광이 아버지께 영원히 있사옵나이다 아멘

〉〉 마 6 : 13

우리는 비록 우리가 처한 상황을 피할 수 없지만, 하나님께서는 우리에게 시험을 피하는 길을 늘 준비하신다. 하나님께서 우리에게 궁극적으로 바라시는 바는 우리가 시험당하지 않도록 구해내는 것이 아니라, 시험을 통과하는 동안 우리를 도우시는 것이다.

하나님께서는 우리 삶 가운데 깊숙이 관여하고 계신다. 그분께서는 우리에게 닥친 시험을 모두 다 알고 계신다. 하나님께서는 우리가 모든 시험을 피할 수 있도록 우리 삶을 구성하신다는 약속을 어느 곳에서도 하지 않으신다. 그러나 그분께서는 우리가 받는 시험을 제한시키시고, 또 빠져 나올 길을 마련해 주신다.

주님, 주님께서는 나를 시험에서 보호해 주시는 분이십니다.
주님께서는 피할 길을 예비해 주십니다.
나를 도우사 내가 받는 시험을 주님의 관점에서 해석하게 하소서.
주님께서 내 삶의 모든 부분에 깊이 관여하고 계심에 감사 드립니다.

주님의 능력

종말로 너희가 주안에서와 그 힘의 능력으로 강건하여지고
마귀의 궤계를 능히 대적하기 위하여 하나님의 전신갑주를 입으라
〉〉 엡 6 : 10-11

죄가 너희를 주관치 못하리니
이는 너희가 법 아래 있지 아니하고 은혜 아래 있음이니라
〉〉 롬 6 : 14

그러므로 형제들아 우리가 빚진 자로되
육신에게 져서 육신대로 살 것이 아니니라
〉〉 롬 8 : 12

하나님께서는 우리가 능력, 즉 죄를 거절하고 하나님을 받아들이는 주님의 능력을 사용할 수 있게 하셨다. 우리가 받는 시험의 정도나 횟수, 또는 지난날 우리가 시험을 이기는 데 실패했다고 하더라도 개의치 않으시고 주님께서는 우리에게 저항하는 능력을 사용할 수 있게 하셨다.

그러나 하나님의 능력을 가진 것과 그 능력을 사용하는 것은 별개의 문제이다. 나의 재량에 맡겨진 하나님의 능력을 가졌다는 것과 시험을 이기는 것과는 다르다. 능력이 어떤 목적에 사용되기 위해서는 반드시 특별한 목표에 사용되고 적용되어야 한다.

하늘에 계신 아버지,
나를 도우사 내가 시험을 이길 수 있게 하소서.
나에게 마귀와 육신과 죄가 가진 것보다 더 큰 힘을 주시니 감사합니다.
하나님께서 나에게 주신 목적을 이룰 수 있는
주님의 무한한 능력에 내 마음을 돌리게 하소서.

위험 지대

이 세상이나 세상에 있는 것들을 사랑치 말라
누구든지 세상을 사랑하면 아버지의 사랑이 그 속에 있지 아니하니
이는 세상에 있는 모든 것이 육신의 정욕과 안목의 정욕과
이생의 자랑이니 다 아버지께로 좇아 온 것이 아니요
세상으로 좇아 온 것이라
〉〉 요일 2 : 15-16

이것을 너희에게 이름은 너희로 내 안에서 평안을 누리게 하려함이라
세상에서는 너희가 환난을 당하나 담대하라
내가 세상을 이기었노라 하시니라
〉〉 요 16 : 33

이기는 자는 이것들을 유업으로 얻으리라
나는 저의 하나님이 되고 그는 내 아들이 되리라
〉〉 계 21 : 7

성령님께서 당신을 위해 무엇을 행하기를 원하시는지 알고
있는가? 그분께서는 죄로부터 몇 단계 떨어진 곳에서 두 팔을
내밀어 "여기까지면 됐어. 여기서 보면 잘 보일 거야!"라고 말
씀하시기를 원하신다. 당신이 그 경고를 외면하고, 계속 앞으
로 나아가면, 당신은 스스로 위험에 빠지게 되는 것이다.

시험을 이기는 것이 당신에게 정말로 중요한 문제인가? 당
신은 과거 경험, 현재의 마음 상태, 미래에 대한 목표, 계획,
꿈과 비전에 비추어 보아 당신에게 닥친 기회의 가치를 모두
검토해 볼 의향이 있는가? 만일 그렇다면 왜 당신은 지금 곧
시간을 내어서, 한 발자국 나아가거나, 두 발자국 물러나야 한
다고 느끼는 부분에 대해 곰곰이 생각해 보지 않는가?

하나님, 내가 성령님의 이끄심을 외면했음을 용서해 주소서.
주님의 성령의 역사에 더 민감하게 하시고,
나로 하여금 올바른 결정을 하도록 도우소서.
나를 인도하사 나로 하여금 위험 지대에서 아주 멀리 떠나게 하소서.

영적 싸움의 준비

대저 주께서 나로 전쟁케 하려고 능력으로 내게 띠 띠우사
일어나 나를 치는 자로 내게 굴복케 하셨나이다
〉〉 시 18 : 39

나의 반석 여호와를 찬송하리로다
저가 내 손을 가르쳐 싸우게 하시며 손가락을 가르쳐 치게 하시도다
〉〉 시 144 : 1

믿음의 선한 싸움을 싸우라 영생을 취하라
이를 위하여 네가 부르심을 입었고
많은 증인 앞에서 선한 증거를 증거하였도다
〉〉 딤전 6 : 12

적의 공격에서 한 도시를 방어하는 임무를 가진 장군은 그
도시가 점령될 때까지 기다렸다가 방어 계획을 세우지 않는다.
현명한 장군이라면 적이 공격할 징조가 보이기 훨씬 이전에 방
어 전략을 세우고는 "적이 어떻게 공격해 올 것인가? 어느 방
향으로 접근해 올 것인가? 우리의 가장 취약점은 어디에 있는
가?" 하는 전략 계획을 내놓을 것이다.

이와 같이 믿는 자들은 시험이 오기 전에 미리 앉아서 그것
에 대한 방어 계획을 세워야 한다. 지혜로운 사람은 삶 가운데
에서 꼭 일어날 수밖에 없는 일들에 대해서 대비한다. 시험은
불가피한 일이다.

사랑의 주님, 이 세상의 시험에 맞서 싸울 준비를 시켜 주소서.
나의 약한 점을 보여 주시고,
사탄의 공격에 맞설 수 있도록 정신 차리게 하시며,
주님께서 갖고 계신 승리의 전술을 알려 주소서.

하나님의 전신갑주

하나님의 전신갑주를 취하라 이는 악한 날에 너희가 능히 대적하고
모든 일을 행한 후에 서기 위함이라
그런즉 서서 진리로 너희 허리띠를 띠고 의의 흉배를 붙이고
평안의 복음의 예비한 것으로 신을 신고
모든 것 위에 믿음의 방패를 가지고
이로써 능히 악한 자의 모든 화전을 소멸하고
구원의 투구와 성령의 검 곧 하나님의 말씀을 가지라
〉〉〉 엡 6 : 13-17

네가 그리스도 예수의 좋은 군사로 나와 함께 고난을 받을찌니
군사로 다니는 자는 자기 생활에 얽매이는 자가 하나도 없나니
이는 군사로 모집한 자를 기쁘게 하려 함이라
〉〉〉 딤후 2 : 3-4

삶 가운데에서 겪는 시험에 끊임없이 승리하는 것이 당신에게 정말로 중요한 문제라면 하나님의 완전한 전신갑주를 입으라. 그러면 사탄의 공격에도 견고히 설 수 있을 것이다. 하나님의 전신갑주가 바울에게 효력이 있었고, 나에게도 그러했다. 나는 당신이 하나님의 전신갑주를 입으면 당신의 삶에 중대한 변화가 올 것으로 확신한다.

사탄은 우리 모두에 대해 음모를 꾸미고 있다. 음모 중에는 우리의 가장 저항력이 약한 부분을 찾아내는 것이다. 우리가 아침에 먼저 옷을 차려 입지 않고 밖으로 나갈 수 있는가?

주님, 주님의 진리를 허리에 동여매고, 주님의 의의 흉배를
붙입니다. 나는 평화의 복음의 신을 신으니,
주님께서 원하시는 곳으로 보내 주소서.
믿음의 방패를 들고, 내 생각을 지키려고 구원의 투구를 씁니다.
적에 대항해서 방어하고, 위로하고, 이기게 할 수 있는 성령의 검을 듭니다.

영적 무기의 사용

마귀가 또 그를 데리고 지극히 높은 산으로 가서
천하 만국과 그 영광을 보여 가로되 만일 내게 엎드려 경배하면
이 모든 것을 네게 주리라 이에 예수께서 말씀하시되
사단아 물러가라 기록되었으되
주 너의 하나님께 경배하고 다만 그를 섬기라 하였느니라
이에 마귀는 예수를 떠나고 천사들이 나아와서 수종드니라
〉〉 마 4 : 8-11

모든 성경은 하나님의 감동으로 된 것으로
교훈과 책망과 바르게 함과 의로 교육하기에 유익하니
〉〉 딤후 3 : 16

나는 정신적인 싸움에서 예수님께서 사탄보다 강하셨음을 기뻐한다. 나는 그런 싸움에서 이기려고 애써 보았지만 결국 무참히 패배했다. 나는 예수님께서 시험에 관해서 사탄과 토론을 하지 않으셨고, 그런 식으로 저항하지 않으셨음을 기뻐한다. 하와는 사탄과 토론하려 했고, 그 결과 형편없이 지고 말았다. 나는 예수님께서 순수한 의지력을 사용하실 수 있었으리라고 생각하지만, 그렇게 하지 않으셨음을 기뻐한다. 나의 의지력은 사탄이 정말로 작정하고 쳐들어온다면 무용지물이 되어 버릴 것이다. 예수님께서는 진리를 말씀함으로써 사탄에 대항하셨고, 사탄은 이에 포기하고 물러갔다.

하나님의 말씀은 당신을 문제의 핵심으로 이끈다. 주님의 말씀은 당신으로 하여금 문제가 정말로 무엇인지를 보게 한다.

하늘에 계신 아버지,
내가 받는 시험들을 주님의 진리의 말씀으로 여과시켜 주소서.
나를 도우사 표면에 드러난 사실들을 넘어서 그 본질 되는
원인을 보게 하소서. 일상 생활에서의 싸움에서
주님의 말씀의 검을 효과적으로 사용하도록 나를 도우소서.

세상적 선전

너희는 이 세대를 본받지 말고
오직 마음을 새롭게 함으로 변화를 받아
하나님의 선하시고 기뻐하시고 온전하신 뜻이
무엇인지 분별하도록 하라
〉〉〉 롬 12 : 2

너희 마음의 허리를 동이고 근신하여
예수 그리스도의 나타나실 때에
너희에게 가져올 은혜를 온전히 바랄찌어다
〉〉〉 벧전 1 : 13

오직 심령으로 새롭게 되어
〉〉〉 엡 4 : 23

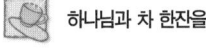

무엇을 회복시키기 위해서는 두 단계의 과정이 있다. 옛것은 옮겨 놓고, 그 곳에 새것으로 채우는 것이다. 하나님의 진리의 말씀을 당신 마음 안에 채워서, 당신을 패배하게 만든 잘못을 뿌리째 뽑아 버린다면 당신의 마음은 회복될 것이다. 이런 과정의 중요성은 아무리 강조해도 부족함이 없다. 그것은 당신이 시험에 빠지지 않도록 지켜 주고, 세상적인 선전 내용에 세뇌되지 않도록 막아 준다.

하나님께서는 우리를 내적으로 재창조하셨다. 이런 회복의 과정은 당신과 나에게 환경을 딛고 일어날 수 있게 해 주고, 타락한 세상에서 경건한 삶을 누릴 수 있게 해 준다.

하늘에 계신 아버지, 이 세상에는 나의 관심을 끌려고
소리 높여 외치는 수많은 음성이 있습니다.
사탄의 선전을 검열해 주소서. 부정적인 생각을 제거해 주시고,
주님의 말씀으로 나를 회복시켜 주소서.

영적 싸움에서의 패배

나의 죄악을 말갛게 씻기시며 나의 죄를 깨끗이 제하소서
대저 나는 내 죄과를 아오니 내 죄가 항상 내 앞에 있나이다
내가 주께만 범죄하여 주의 목전에 악을 행하였사오니
주께서 말씀하실 때에 의로우시다 하고
판단하실 때에 순전하시다 하리이다
〉〉 시 51 : 2-4

만일 우리가 죄 없다하면 스스로 속이고
또 진리가 우리 속에 있지 아니할 것이요
만일 우리가 우리 죄를 자백하면 저는 미쁘시고 의로우사
우리 죄를 사하시며 모든 불의에서 우리를 깨끗케 하실 것이요
〉〉 요일 1 : 8-9

우리 모두는 실수를 한다. 이 사실에는 반론을 제기할 여지가 없다. 당신이 자문해 보아야 할 질문은 다음과 같다. "지금 내가 죄를 지었는데 나는 이에 어떻게 반응할 것인가?" 당신에게는 두 가지 선택이 있다. 하나님으로부터 달아나 그분의 훈계에 저항하든지, 아니면 당신의 죄를 진심으로 회개하고, 그분의 훈계에 순종하며, 그 과정 속에서 당신이 할 수 있는 모든 것을 배우는 것이다.

당신의 영적 패배를 그저 낭비해 버리지 말라. 하나님께서 그 패배를 사용하셔서 주님께서 원하시는 남자와 여자로 당신을 성숙시켜 주시도록 하라. 그리하여 하나님께서 당신의 패배를 승리로 바꾸어 주시도록 하라.

주님, 내가 영적 싸움에서 패배했음을 용서하소서.
나를 도우사 주님의 훈계에 올바로 반응하게 하셔서
다음에는 승리할 수 있도록 나에게 필요한 통찰력을 가질 수 있게 하소서.
나의 마음을 깨끗하게 하시어 내 기쁨을 소성 시키시며,
주님과의 관계를 회복시키소서.

성령 충만한 삶

성령 충만한 삶은 매 순간마다 성령님께 의지하는 관계가 그 특징이다
예수님께서는 포도 나무요 나는 가지이다
가지는 단순히 참고 기다림으로써 열매를 맺는다

내주하시는 성령님

내가 너희에게 실상을 말하노니
내가 떠나가는 것이 너희에게 유익이라
내가 떠나가지 아니하면 보혜사가 너희에게로 오시지 아니할 것이요
가면 내가 그를 너희에게로 보내리니
〉〉 요 16 : 7

너희가 하나님의 성전인 것과 하나님의 성령이 너희 안에
거하시는 것을 알지 못하느뇨 누구든지 하나님의 성전을 더럽히면
하나님이 그 사람을 멸하시리라
하나님의 성전은 거룩하니 너희도 그러하니라
〉〉 고전 3 : 16-17

이 말씀을 하시고 저희를 향하사 숨을 내쉬며 가라사대 성령을 받으라
〉〉 요 20 : 22

하나님께서는 크리스천의 삶 가운데에서 일어나는 일상적인 문제들을 모두 갖고 있는 당신을 돕기 위해서 성령님을 보내셨다. 성령님께서는 당신의 최고 지지자이시다. 성령님께서는 날마다 순간마다 당신의 삶 가운데에서 하나님의 일을 행하시고 계신다. 당신이 무엇을, 또 언제 구해야 하는 것을 알고 있다면, 성령님께서 당신에게 얼마나 생생하게 나타나시는지 놀라게 될 것이다.

성령님께서는 믿는 자 안에 영원히 거하신다. 그분께서는 그저 지나가시는 분이 아니시다. 그분께서는 우리를 하나님의 집으로 만들며, 우리 안에 머무르시려고 오신다.

주님, 주님의 영이 내 안에 거하시니 감사 드립니다.
주님의 임재하심을 더 많이 깨닫게 하소서.
나의 귀를 하나님의 음성에 맞게 조율해 주시고,
나로 하여금 주님의 위로에 응답하게 하시고,
주님의 징계를 받아들이게 하소서.

포도나무 가지로서의 삶

내가 그리스도와 함께 십자가에 못 박혔나니 그런즉 이제는 내가
산 것이 아니요 오직 내 안에 그리스도께서 사신 것이라 이제 내가
육체 가운데 사는 것은 나를 사랑하사 나를 위하여 자기 몸을 버리신
하나님의 아들을 믿는 믿음 안에서 사는 것이라

〉〉 갈 2 : 20

내가 참 포도나무요 내 아버지는 그 농부라 무릇 내게 있어 과실을 맺지
아니하는 가지는 아버지께서 이를 제해 버리시고 무릇 과실을 맺는 가
지는 더 과실을 맺게 하려하여 이를 깨끗케 하시느니라 너희는 내가 일
러준 말로 이미 깨끗하였으니 내 안에 거하라 나도 너희 안에 거하리라
가지가 포도나무에 붙어 있지 아니하면 절로 과실을 맺을 수 없음같이
너희도 내 안에 있지 아니하면 그러하리라 나는 포도나무요 너희는 가
지니 저가 내 안에, 내가 저 안에 있으면 이 사람은 과실을 많이 맺나니
나를 떠나서는 너희가 아무것도 할 수 없음이라

〉〉 요 15 : 1-5

오랫동안 나는 나의 삶에서 어쩐지 뭔가 부족한 듯한 마음이 들었다. 그리스도인의 삶에는 내가 경험하고 있던 것 이상의 그 무엇이 있다는 의혹이 끊임없이 나를 괴롭혔다. 결국 나는 스스로 열매를 맺으려고 열심히 노력하는 나뭇가지와도 같았다는 것을 깨닫기 시작했다. 나뭇가지들은 스스로 열매를 맺게끔 만들어진 것이 아니고, 나무를 통해 맺어진 열매를 가지게끔 만들어졌다.

성령 충만한 삶은 매 순간마다 성령님께 의지하는 관계가 그 특징이다. 예수님께서는 포도나무요, 나는 가지이다. 성령님께서는 포도나무에서 가지 속으로 흘러 들어가는 수맥과도 같은 것이다. 가지는 단순히 참고 기다림으로써 열매를 맺는다.

주님, 나는 스스로 열매를 맺으려는
노력을 하기에 지쳐버렸습니다.
지금 이 순간 나는 주님께 속함을 고백합니다.
주님께서는 포도나무요, 나는 가지입니다.
나를 도우사 굳건히 참고 기다리는 것을 배우게 하소서.

성령의 인치심

오직 성령의 열매는 사랑과 희락과 화평과
오래 참음과 자비와 양선과 충성과 온유와 절제니
이같은 것을 금지할 법이 없느니라
>>> 갈 5 : 22-23

빛의 열매는 모든 착함과 의로움과 진실함에 있느니라
>>> 엡 5 : 9

좋은 나무마다 아름다운 열매를 맺고
못된 나무가 나쁜 열매를 맺나니
좋은 나무가 나쁜 열매를 맺을 수 없고
못된 나무가 아름다운 열매를 맺을 수 없느니라
>>> 마 7 : 17-18

성령의 열매는 성령님께 의지하고, 성령님의 이끄심에 민감하다는 증거이다. 당신 자신의 의무는 성령 안에서 행하는 것임에 분명하다. 이러한 선택의 결과는 성령의 열매이다.

즉, 사랑으로 화답하지 않는 사람에 대한 사랑, 고통스러운 상황 가운데서의 희락(기쁨), 기대하던 것이 이루어지지 않는 상황에서의 화평(평화), 당신이 바라는 것처럼 일이 그렇게 빨리 진행되지 않는 가운데서의 오래 참음, 고의로 냉담했던 사람을 향한 자비(친절), 죄악 앞에서의 양선(선함), 친구들이 성실하지 않을 때의 충성, 거칠게 대하는 사람에 대한 온유, 심한 유혹 가운데 자기 절제가 그것이다.

사랑의 주님, 나는 성령 안에서 행하고,
내 뜻으로 가득한 길로 행하기를 원치 않습니다.
참고 기다리는 것을 배워서 주님의 성품이 나를 통해 흘러
내 삶에 열매로 맺히게 하소서.

만족

내가 궁핍하므로 말하는 것이 아니라
어떠한 형편에든지 내가 자족하기를 배웠노니
내가 비천에 처할 줄도 알고 풍부에 처할 줄도 알아
모든 일에 배부르며
배고픔과 풍부와 궁핍에도 일체의 비결을 배웠노라
내게 능력 주시는 자 안에서 내가 모든 것을 할 수 있느니라
〉〉 빌 4 : 11-13

날마다 우리 짐을 지시는 주
곧 우리의 구원이신 하나님을 찬송할찌로다
〉〉 시 68 : 19

 하나님과 차 한잔을 …

　미래에 대해 근심할 때, 만족이 사라진다. 내일의 문제들은 하나님께서 관리하시니 우리는 그 모두를 주님께 맡겨야 한다. 오늘 나에게 꼭 필요한 것을 예수님께 아뢸 수 있다. 오늘 주님의 은혜는 나에게 족할 것이다.

　만족은 매일의 노력을 요하는 일이다. 이는 기본적인 것을 고수함으로써 배우는 것이다. 즉, 깊어 가는 예수님과의 관계를 유지하고, 하루 하루의 삶을 충실히 살며, 또 예수님께서 우리의 모든 도전에 힘을 주신다는 것을 아는 것이다.

하늘에 계신 아버지, 나의 인간 관계를 좀먹고,
나의 결정을 어둡게 하고,
나에게 주님에 대한 삐뚤어진 관점을 갖게 하는
쉴새없이 괴롭히는 불만을 없애 주소서. 나를 도우사 진정한 만족은
외부에서 오는 것이 아니라, 마음속에서 온다는 것을 알게 하소서.

오래 참음

경기하는 자가 법대로 경기하지 아니하면 면류관을 얻지 못할 것이며
수고하는 농부가 곡식을 먼저 받는 것이 마땅하니라
〉〉 딤후 2 : 5-6

내가 택하신 자를 위하여 모든 것을 참음은
저희로도 그리스도 예수 안에 있는 구원을
영원한 영광과 함께 얻게 하려 함이로라
〉〉 딤후 2 : 10

참으면 또한 함께 왕 노릇 할 것이요
우리가 주를 부인하면 주도 우리를 부인하실 것이라
〉〉 딤후 2 : 12

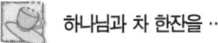

매년 개최하는 장애인 올림픽에서는 장애 청소년들이 달리기 경주를 한다. 그들은 끝까지 달리기만 하면 이기게 된다. 그것이 경주의 심판 기준이다.

그러나 그들은 관람객들의 응원과 함께 뛰는 사람들의 개별적인 응원을 들어야하며 결승 테이프에서 눈을 떼지 말아야 한다.

어떤 점에서 우리도 장애를 가진 자로서 장애인 올림픽 경기를 하고 있는 중이다. 달리는 길에는 격려하는 사람들도 있을 것이다. 그러나 우리는 결승 테이프에 집중해야 하며 멈추지 말고, 끝까지 참고 견디어야 한다.

사랑의 주님,
나로 하여금 결승점에서 눈을 떼지 않게 하소서.
나를 도우사 끝까지 달리게 하소서.
멈추지 않고 끝까지 견디겠습니다.

자유

진리를 알찌니 진리가 너희를 자유케 하리라
〉〉 요 8 : 32

아들이 너희를 자유케 하면 너희가 참으로 자유하리라
〉〉 요 8 : 36

그리스도께서 우리로 자유케 하려고 자유를 주셨으니
그러므로 굳세게 서서 다시는 종의 멍에를 메지 말라
〉〉 갈 5 : 1

몇 해 전, 농장에서 아들 앤디와 그의 친구는 철조망 울타리 아래를 기어서 목장을 가로질러 갔다. 그런데 총을 겨누고 있는 브라만교(Brahman教) 사람들과 마주치게 되었다. 소년들은 재빨리 울타리로 달려가서 그 아래로 기어 들어갔다. 장애물로만 여겨졌던 그 울타리가 바로 그들의 보호망이었고 은신처가 되었던 것이다.

하나님께서는 우리가 상처받지 않고 가능한 많은 자유를 누리기를 원하신다. 주님께서는 우리에게 자유를 주시고, 또 그것을 지키시기 위해 경계를 세우셨다. 자유는 주님의 법과 경계와 계명의 범위 안에서 얻을 수 있는 것이다.

사랑의 주님, 주님께서 세우신 장애물들이
바로 나를 안전하게 지키시기 위해서임을 깨달았습니다.
나는 주님께서 정해 주신 경계선 범위 안에서만이
진정한 자유를 누릴 수 있을 것입니다.

경건

복 있는 사람은

악인의 꾀를 좇지 아니하며

죄인의 길에 서지 아니하며

오만한 자의 자리에 앉지 아니하고

오직 여호와의 율법을 즐거워하여

그 율법을 주야로 묵상하는 자로다

저는 시냇가에 심은 나무가 시절을 좇아 과실을 맺으며

그 잎사귀가 마르지 아니함 같으니

그 행사가 다 형통하리로다

〉〉 시 1 : 1-3

경건한 사람들은 하나님의 권면하심의 주변에서만 살 수 있도록 자신의 생활을 정돈한다. 그들은 믿지 않는 친구를 찾지 않고, 믿는 친구를 찾는다. 그들은 하나님의 말씀에서 기쁨과 용기와 활력을 얻는다. 경건한 사람들은 삶의 폭풍우를 성공적으로 잘 견디고, 풍성한 열매를 맺으며, 그들이 하는 모든 일에 있어서 성공한다. 경건한 사람은 일상 생활을 만족한다. 그들은 걱정하거나 조바심 내지 않는다. 감미로운 평온함이 그들의 특징이다.

예수 그리스도를 구세주로 영접함으로써 경건한 사람이 되기 시작한다. 그것이 우리의 삶을 형성하는 토대이다.

사랑의 주님, 나는 주님의 권면하심 안에서 행하겠습니다.
주님 안에서 기뻐하며, 주님의 말씀을 묵상합니다.
나는 시냇가에 심은 나무와도 같습니다.
내 삶이 계절에 따라 영적 열매가 맺히니,
가뭄의 때에도 시들지 않고 내가 행하는 모든 일이 형통할 것입니다.

겸손

그러나 더욱 큰 은혜를 주시나니 그러므로 일렀으되
하나님이 교만한 자를 물리치시고
겸손한 자에게 은혜를 주신다 하였느니라
⟩⟩ 약 4 : 6

여러 계시를 받은 것이 지극히 크므로 너무 자고하지 않게 하시려고
내 육체에 가시 곧 사단의 사자를 주셨으니
이는 나를 쳐서 너무 자고하지 않게 하려 하심이니라
⟩⟩ 고후 12 : 7

아무 일에든지 다툼이나 허영으로 하지말고
오직 겸손한 마음으로 각각 자기보다 남을 낮게 여기고
⟩⟩ 빌 2 : 3

 하나님과 차 한잔을 …

겸손함은 하나님의 은혜로 우리가 크리스천이 된 것과 같은 방법으로 우리가 또한 크리스천으로서의 삶을 산다는 것을 깨닫게 한다. 겸손함은 자신의 죄를 빨리 고백하고, 다른 사람의 죄는 천천히 지적한다. 겸손함은 하나님의 용서를 구하고 또 받아들이며, 다른 사람을 용서하는 것이다. 겸손함은 우리를 무대 뒤에 있는 것에 만족한다.

겸손함은 마음 자세이다. 하나님께서 겸손함을 보시고 주님의 은혜를 맡길 수 있는 사람인지 보신다. 하나님께서는 그분께서 정한 시간이 되었을 때, 겸손한 사람들은 그들이 받을 만한 합당한 보상을 받고, 교만한 사람은 낮아지게 될 것이라고 말씀하신다.

> 하늘에 계신 아버지,
> 어떤 값을 치르더라도 나의 교만함을 벗겨내어 주소서.
> 나에게 겸손을 가르치소서.
> 나에게 종의 마음을 주셔서 내가 섬겨야 할 곳을 보게 하소서.

징계

저희는 잠시 자기의 뜻대로 우리를 징계하였거니와
오직 하나님은 우리의 유익을 위하여
그의 거룩하심에 참예케 하시느니라
무릇 징계가 당시에는 즐거워 보이지 않고 슬퍼 보이나
후에 그로 말미암아 연달한 자에게는 의의 평강한 열매를 맺나니
〉〉 히 12 : 10-11

너희가 참음은 징계를 받기 위함이라
하나님이 아들과 같이 너희를 대우하시나니
어찌 아비가 징계하지 않는 아들이 있으리요
〉〉 히 12 : 7

하나님께서 뜻하시는 징계의 목적은 긍정적이다. 히브리서의 저자가 징계는 우리가 주님의 거룩함을 나누어 가질 수 있도록 해 준다고 기록했다. 우리는 징계를 용감하게 받아들여야 한다. 사랑의 아버지께서 최선의 일을 행하신다는 믿음을 가지고 우리를 바로 잡아주시는 징계에 반응을 해야 한다.

하나님께서 변함 없이 징계를 강조하시는 이유는 간단하다. 하나님께서는 그분의 모든 자녀가 성장하여 맏아들 우리 구주 예수님처럼 되기를 바라시기 때문이다.

하나님, 나는 징계 받는 것이 싫고, 때로는 그것을 이해하지 못하겠습니다. 그러나 나에게 징계가 필요하다는 것을 압니다. 내 삶 속에서 주님의 징계하심이 있음에 감사 드립니다. 나를 도우사 그것을 통해서 배우게 하소서. 하나님의 맏아들이신 예수 그리스도의 형상으로 나를 만들어 주소서.

기도

너희가 나를 택한 것이 아니요 내가 너희를 택하여 세웠나니
이는 너희로 가서 과실을 맺게 하고 또 너희 과실이 항상 있게 하여
내 이름으로 아버지께 무엇을 구하든지 다 받게 하려 함이니라
〉〉 요 15 : 16

구하라 그러면 너희에게 주실 것이요 찾으라 그러면 찾을 것이요
문을 두드리라 그러면 너희에게 열릴 것이니
〉〉 마 7 : 7

그를 향하여 우리의 가진바 담대한 것이 이것이니
그의 뜻대로 무엇을 구하면 들으심이라
우리가 무엇이든지 구하는 바를 들으시는 줄을 안즉
우리가 그에게 구한 그것을 얻은 줄을 또한 아느니라
〉〉 요일 5 : 14-15

어렵고 고통스러운 상황에서 하나님께서는 왜 더 확실한 방법으로 개입하지 않으시는지 의아해 하는 것은 당연하다. 보통 크리스천들의 생각과는 달리 우리가 하나님께 "왜?" 라는 질문을 하는 것은 좋은 일이다. 다윗도 그렇게 했고, 예수님께서도 그렇게 하셨다. 사도 바울도 주님께 물어 보았다. 아버지께서는 당신의 물음에 마음 상해하지 않으신다.

하나님께서는 그 자녀들의 기도에 언제나 응답하신다. 우리는 기도하는 것을 배움으로써 기도에 대한 주님의 응답을 분별하는 것을 배우게 된다. 아마도 "그래", "안 돼", "기다려" 또는 "내 은혜가 네게 족하도다" 로 대답하실 것이다.

주님, 나에게 주님의 교훈을 가르치실 때
기도를 가르쳐 주소서.
내 삶의 고통스러운 딜레마 속에서 주님의 대답이 "그래" 또는
"안 돼" 라는 대답을 받아들일 수 있도록 도와주소서.

시험

시몬아, 시몬아, 보라 사단이 밀 까부르듯 하려고
너희를 청구하였으나 그러나 내가 너를 위하여
네 믿음이 떨어지지 않기를 기도하였노니
너는 돌이킨 후에 네 형제를 굳게 하라
〉〉 눅 22 : 31-32

나의 가는 길을 오직 그가 아시나니
그가 나를 단련하신 후에는 내가 정금 같이 나오리라
〉〉 욥 23 : 10

내가 여호와를 항상 내 앞에 모심이여
그가 내 우편에 계시므로 내가 요동치 아니하리로다
〉〉 시 16 : 8

 하나님과 차 한잔을 …

사탄이 베드로를 시험하기 위해 질문을 했을 때, 그의 목적은 베드로의 믿음을 깡그리 흔들어 놓자는 것이었다. 하나님께서는 그 시험을 허락하셨지만 사탄과는 다른 목적을 마음에 두고 계셨다.

하나님께서는 우리가 그분에게 존귀와 영광을 드리기 위해 시험받는 것을 허락하신다. 그분께서는 연약하고 불완전한 사람들을 사용하신다. 시험을 받았던 성도들은 그들이 주님의 형상을 따름으로써 극도로 자기를 과신하는 것에서 벗어나 하나님의 견고한 손길을 깨닫게 해 주는 이런 과정의 중요성을 알고 있다.

하늘에 계신 아버지, 힘든 시험의 시간들을
내 삶에 있어서 가치 없는 것들을 제거해 내는데 사용하소서.
나의 연약함과 불완전함을 거두어 주시고
주님의 능력과 영광으로 바꾸어 주소서.
시험의 과정을 통해서 더 나은 주님의 종이 되게 하소서.

신뢰

여호와께 피함이 사람을 신뢰함보다 나으며
〉〉 시 118 : 8

여호와를 의뢰하여 선을 행하라 땅에 거하여
그의 성실로 식물을 삼을지어다
〉〉 시 37 : 3

우리 소망을 살아 계신 하나님께 둠이니
곧 모든 사람 특히 믿는 자들의 구주시라
〉〉 딤전 4 : 10

근심과 두려움을 이기는 해답인 하나님께 대한 신뢰는 멈추지 않고, 오히려 계속 자라간다. 당신이 하나님을 신뢰할 수 있는 힘이 커졌다 작아졌다 하는 듯 보이더라도 실망하지 말라. 그것이 바로 인간이다.

물론 우리가 가진 멋진 소망은 하나님을 신뢰할수록 그분의 신실함을 더 많이 알아가게 된다는 것이다. 우리가 하나님을 신뢰하고자 하는 의지를 많이 가질수록 하나님께서는 우리가 더욱더 그분을 신뢰할 수 있도록 인도하신다는 것이다.

그것은 하나님께서 우리 모두가 소유하기를 갈망하시는 온전한 안심, 즉 언제나 우리와 함께 하시는 하나님의 존재를 지속적으로 느끼는 것으로 우리가 하나님을 신뢰하고, 그분께서 우리에게 주기를 원하시는 것을 받으면 생기게 된다.

주님, 주님을 신뢰하는 것이
왜 이리도 나에게는 힘든 것일까요? 주님의 임재를
끊임없이 느낌으로써 나의 근심과 두려움을 없애 주소서.
내 속에 주님을 향한 믿음이 자라나게 하소서.

지혜

자기의 마음을 믿는 자는 미련한 자요
지혜롭게 행하는 자는 구원을 얻을 자니라
〉〉 잠 28 : 26

너희 중에 누구든지 지혜가 부족하거든
모든 사람에게 후히 주시고 꾸짖지 아니하시는 하나님께 구하라
그리하면 주시리라
〉〉 약 1 : 5

이는 저희로 마음에 위안을 받고 사랑 안에서 연합하여
원만한 이해의 모든 부요에 이르러
하나님의 비밀인 그리스도를 깨닫게 하려 함이라
그 안에는 지혜와 지식의 모든 보화가 감추어 있느니라
〉〉 골 2 : 2-3

 하나님과 차 한잔을 …

　지혜는 우리 삶에 대한 하나님의 뜻을 나타내는 데 사용되
는 성령님의 도구일 때가 많다. 내가 지혜롭다고 생각하는 것
이 당신에게는 지혜롭지 않을지도 모른다. 성령님께서는 믿는
자를 지혜의 길로 인도하신다. 지혜롭게 사는 것을 거절하는
것은 성령님의 인도하심을 외면하는 것이다.

　지혜는 하나님의 법칙과 하나님의 약속과 하나님의 계명 사
이의 간격을 메워 준다. 지혜는 언제나 이 3가지 모두를 고려
하여 "어떻게 행하는 것이 나에게 현명한 일인가?" 하고 물어
본다. 지혜의 길을 선택하는 것은 당신이 확실히 성령 충만한
훌륭한 삶을 경험하도록 하는 또 하나의 방법이다.

　　　　　　　　　하나님, 나는 지혜로운 선택을 하고 싶습니다.
　　　　　　주님께서는 우리에게 지혜가 부족하거든 구하라
　　　　　　　　그리하면 풍성히 주신다고 약속 하셨습니다.
　　　　　주님, 나는 주님께 지금 구하오니 나에게 지혜를 주소서.

사역

섬기는 것은 사랑하는 것이다
즉, 당신이 누군가를 사랑한다면
섬김은 필연적이고도 당연히 나타내는 것이다

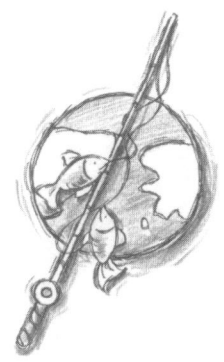

지상 명령

너희는 이 모든 일의 증인이라
〉〉 눅 24 : 48

너희에게 평강이 있을찌어다
아버지께서 나를 보내신 것 같이 나도 너희를 보내노라
〉〉 요 20 : 21

너희는 온 천하에 다니며 만민에게 복음을 전파하라
〉〉 막 16 : 15

하나님께서는 하나님의 나라를 위해 여러분이 가진 잠재 가능성을 아신다. 하나님께서는 여러분이 어떤 영향력을 행할 수 있는지 아신다.

이 세상을 사는 동안에 여러분의 사명은 예수님의 복음을 전파함으로써 하나님께 영광을 돌리는 것이다. 여러분은 설교 강단 위에 한 번도 서지 않을 수도 있고, 또 여러분의 고향을 한 번도 떠나지 않을지도 모른다. 그러나 여러분이 어디를 가든, 어떤 기회를 갖든지 간에 여러분의 사명은 여전히 동일하다. 여러분의 삶을 향한 하나님의 부르심에 마음이 사로잡히게 되면 모든 것이 새로운 의미와 의의를 가진다.

주님, 나의 영향력이 미치는 범위 안에서
주님의 사명을 성취하기 위해 나를 선택하여 주셔서 감사합니다.
주님의 명령이 내 마음속에 불일듯 일어나게 하셔서 죄의 어두움 속을
헤매고 있는 주위 사람들에게 주님의 사랑을 나누어 주게 하소서.

복음 전도

나는 심었고 아볼로는 물을 주었으되
오직 하나님은 자라나게 하셨나니
》》 고전 3 : 6

너는 모든 일에 근신하여 고난을 받으며
전도인의 일을 하며 네 직무를 다하라
》》 딤후 4 : 5

그런즉 한 사람이 심고 다른 사람이 거둔다 하는 말이 옳도다
내가 너희로 노력지 아니한 것을 거두러 보내었노니
다른 사람들은 노력하였고
너희는 그들의 노력한 것에 참예하였느니라
》》 요 4 : 37-38

나는 "자라나게 하는 일"은 하나님께 달려있다는 것을 차츰 깨닫게 되었다. 나의 역할은 주님의 말씀을 성실하게 심고, 추수할 때가 된 사람을 찾는 것이다. 즉각적인 성과를 추구하는 이 시대에 우리는 인내하면서 사람들의 마음 속에서 역사하시는 하나님을 신뢰하기란 어렵기만 하다.

복음 전도는 일련의 과정이다. 당신은 생각보다 전도의 일을 더 잘 할 수 있을 것이다. 하나님께서는 그분의 원칙에 대한 당신의 개성과 성실성을 통해 역사하심으로써 누군가를 그분의 나라로 들어오게 하신다. 그것은 당신이 이웃의 궂은 일을 돕는 일, 또는 출산한 친구에게 음식을 만들어다 주는 모습일 수도 있을 것이다.

사랑의 주님,
나의 행동과 태도로 잃어버린 자를 향한 다리로 놓게 하소서.
주님께서 나의 삶 속에서 행하신 것을 용감하게 나눌 시간이 되면
다른 사람에 대한 주님의 사랑을 나눌 수 있는
실질적인 방법을 가르쳐 주소서.

증거

또 여러 형제가 어린양의 피와 자기의 증거 하는 말을 인하여
저를 이기었으니 그들은 죽기까지 자기 생명을 아끼지 아니하였도다
〉〉 계 12 : 11

형제들아 내가 너희에게 나아가 하나님의 증거를 전할 때에
말과 지혜의 아름다운 것으로 아니하였나니 내가 너희 중에서
예수 그리스도와 그의 십자가에 못 박히신 것 외에는
아무 것도 알지 아니하기로 작정하였음이라
내가 너희 가운데 거할 때에 약하며 두려워하며 심히 떨었노라
내 말과 내 전도함이 지혜의 권하는 말로 하지 아니하고
다만 성령의 나타남과 능력으로 하여 너희 믿음이 사람의 지혜에
있지 아니하고 다만 하나님의 능력에 있게 하려 하였노라
〉〉 고전 2 : 1-5

나의 개인적인 간증은 강한 도구이다. 그것은 하나님께서 당신의 삶 속에 행하신 것과 행하고 계신 것을 표현하는 것이다. 당신 자신의 "이야기"로 당신이 무엇을 하느냐는 결코 가볍게 여겨서는 안 될 어떤 책임이다.

하나님께서는 매일 우리를 지켜보는 사람들에게 영향을 미칠 기회를 우리 모두에게 주셨다. 때때로 우리는 우리가 가진 영향력을 전혀 모르고 있지만, 사람들은 우리의 말과 행동이 일치하는지 보려고 기다리며 우리를 지켜 본다.

사랑의 주님, 나의 인격과 행동과 말이
내 삶 속에서 주님께서 행하신 것에 대한 산 증거가 되게 하소서.
주님의 복음의 진리를 나의 삶의 장에 지울 수 없는 먹으로 써 주소서.

섬김

형제들아 너희가 자유를 위하여 부르심을 입었으나
그러나 그 자유로 육체의 기회를 삼지 말고 오직 사랑으로
서로 종노릇하라 온 율법은 네 이웃 사랑하기를
네 몸 같이 하라 하신 한 말씀에 이루었나니
〉〉 갈 5 : 13-14

너희가 서로 사랑하면 이로써 모든 사람이 너희가 내 제자인줄 알리라
〉〉 요 13 : 35

우리가 선을 행하되 낙심하지 말찌니 피곤하지 아니하면
때가 이르매 거두리라 그러므로 우리는 기회 있는 대로
모든 이에게 착한 일을 하되 더욱 믿음의 가정들에게 할찌니라
〉〉 갈 6 : 9-10

섬기는 것은 사랑하는 것이다. 즉, 당신이 누군가를 사랑한다면 섬김은 필연적이고도 당연히 나타나는 것이다. 그러나 어떤 다른 이유에서의 섬김이란 당신이 찬성과 승인을 받기 위한 다른 형태의 율법주의이다.

우리는 믿는 자로서 사랑을 가지고 섬김으로써 우리의 자유를 나타내도록 부르심을 받았다. 섬길 기회는 많아서 당신이 하나님의 손길을 구할 때, 당신의 사랑을 섬김으로 표현할 수 있는 적절한 기회가 생기는 것을 보고 당신은 놀라워할 것이다.

사랑의 표현으로써 나를 섬긴 사람들에게 감사합니다.
아버지, 나는 사랑으로 섬기는 마음을 갖고 싶습니다.
섬기는 삶의 방식을 받아들이도록 나를 도우소서.

열매 맺는 능력

누구든지 네 연소함을 업신여기지 못하게 하고 오직 말과 행실과
사랑과 믿음과 정절에 대하여 믿는 자에게 본이 되어
>>> 딤전 4 : 12

너희는 세상의 소금이니 소금이 만일 그 맛을 잃으면 무엇으로
짜게 하리요 후에는 아무 쓸데없어 다만 밖에 버리워 사람에게 밟힐
뿐이니라 너희는 세상의 빛이라 산 위에 있는 동네가 숨기우지 못할
것이요 사람이 등불을 켜서 말 아래 두지 아니하고 등경 위에 두나니
이러므로 집안 모든 사람에게 비취느니라
>>> 마 5 : 13-15

인간에 세운 모든 제도를 주를 위하여 순복하되 혹은 위에 있는
왕이나 혹은 악행하는 자를 징벌하고 선행하는 자를 포장하기 위하여
그의 보낸 방백에게 하라 곧 선행으로 어리석은 사람들의
무식한 말을 막으시는 것이라
>>> 벧전 2 : 13-15

성령의 열매는 우리가 가진 가장 효과적인 복음 전도의 도구이다. 사랑, 희락(기쁨), 화평(평화), 오래 참음, 자비(친절), 양선(선함), 충성, 온유 및 절제의 성령의 9가지 열매의 두드러진 삶보다 더 강력한 복음 전도의 도구는 없다.

세상에서 가장 힘있는 설교도 성령 충만한 삶의 능력에 비할 수 없다. 왜일까? 믿지 않는 자들은 우리가 무엇을 믿고 또 무슨 설교를 하느냐 보다도 우리가 어떻게 행동하고, 특히 핍박 받을 때, 어떻게 행동하느냐에 더 많은 인상을 받기 때문이다.

하나님, 내 속에 성령의 열매가 자라게 하소서.
주님의 사랑과 희락과 화평이 나의 영에 스며들게 하소서.
다른 사람에게 오래 참음과 자비와 양선으로 대하게 하시고,
충성하고 온유하며 절제의 덕을 나타내게 하소서.
나를 도우사 나에게 성령의 열매를 맺는 능력을 주소서.

영적 은사

각 사람에게 성령의 나타남을 주심은 유익하게 하려 하심이라
〉〉 고전 12 : 7

몸 가운데서 분쟁이 없고
오직 여러 지체가 서로 같이하여 돌아보게 하셨으니
〉〉 고전 12 : 25

각각 은사를 받은 대로
하나님의 각양 은혜를 맡은 선한 청지기 같이 서로 봉사하라
〉〉 벧전 4 : 10

 하나님과 차 한잔을 …

그리스도의 몸 안에서 각 사람들의 역할은 영적인 은사로 결정된다. 영적인 은사는 하나님으로부터 받은 특별한 능력이다. 하나님께서는 영적 은사들의 분배와 연결망을 통해서 모든 믿는 자가 그리스도의 몸 안에서 중요한 역할을 가지며, 하나님의 모든 목적이 성취하도록 함께 일을 한다는 것을 확실하게 하는 어떤 체계를 만드셨다.

열매를 맺는데 집중을 하다보면 당신의 은사를 발견하게 될 것이다. 성령님께서는 당신 자신이 갖고 있는·은사를 알기 원하신다. 그분의 인도함을 따르라. 그러면 당신은 그 은사를 놓치지 않을 것이다.

사랑의 주님, 나에게 은사가 있음을 알려 주시고
주님의 영광을 위해서 쓰게 하소서.
나로 하여금 용기와 힘을 주고받을 수 있도록
주님의 영적 몸의 연결망 속에 놓아주소서.

목표

믿음은 바라는 것들의 실상이요 보지 못하는 것들의 증거니
〉〉 히 11 : 1

아그립바 왕이여 그러므로 하늘에서 보이신 것을
내가 거스리지 아니하고
〉〉 행 26 : 19

주는 나의 하나님이시니 나를 가르쳐 주의 뜻을 행케 하소서
〉〉 시 143 : 10

한 부인이 어느 주일 예배 후, 나에게 다가와서 "목사님께서는 믿음으로 살 수 있는 사람도 여전히 목표들을 세울 수 있다고 믿고 계신가요?"라고 물었다.

나는 "잘 모르겠군요. 그것에 대해 좀 생각해 보아야겠는데요!"라고 대답했다. 그날 오후, 집으로 돌아와서 몇 시간 동안 나는 그 부인의 질문에 대한 답을 찾으려고 성경을 뒤적이며 보냈다. 나는 '그래, 믿음으로 살 수 있는 사람도 여전히 목표들을 세울 수 있어!'라는 결론에 도달하게 되었다. 그러나 목표는 당신을 향한 하나님의 목표여야 한다는 것이 이 문제의 요점이다.

하늘에 계신 아버지, 나의 삶을 향하신 당신의 목적에 맞는
목표를 세울 수 있도록 나를 도우소서.
모든 목표가 주님과 깊은 관계에 이르게 하시고
다른 사람에 대한 사역을 더 많이 하게 하소서.

하나님의 일, 하나님의 방법

너희가 이같이 어리석으냐 성령으로 시작하였다가
이제는 육체로 마치겠느냐
〉〉 갈 3 : 3

우리가 육체에 있어 행하나 육체대로 싸우지 아니하노니
〉〉 고후 10 : 3

내가 진실로 진실로 너희에게 이르노니
나를 믿는 자는 나의 하는 일을 저도 할 것이요
또한 이보다 큰 것도 하리니 이는 내가 아버지께로 감이니라
〉〉 요 14 : 12

하나님의 일에 가까이 접근하기 위해서는 두 가지 방법이 있다. 첫 번째 방법은 육신으로 그 일을 행하는 것이다. 육신으로 하나님의 일을 하면 결국 영향력, 개성, 은사, 교육 및 경험에 의존하게 된다.

두 번째 방법은 성령님의 인도와 능력 하에서 행하는 것이다. 하나님의 일을 하나님의 방법으로 행할 때, 나는 하나님을 내가 필요한 모든 것의 유일한 원천으로 바라보게 된다.

하늘에 계신 아버지,
주님께서 나에게 주신 일에 감사를 드립니다.
나 스스로의 스트레스를 없애 주시고
주님의 목적을 이루기 위해 주님을 의지하도록 도와주소서.
나는 주님의 일을 주님의 방법으로 행하기를 원합니다.

마음의 자세

강팍한 마음의 문제를 푸는 확실한 해답은 단 하나뿐이다.
즉, 솔직한 회개만큼 필요했던 변화를 가져오는 것 외에는 아무것도 없다는 것이다.

양심

너희 마음에 그리스도를 주로 삼아 거룩하게 하고 너희 속에 있는 소망
에 관한 이유를 묻는 자에게는 대답할 것을 항상 예비하되 온유와 두려
움으로 하고 선한 양심을 가지라 이는 그리스도 안에 있는 너희의 선행
을 욕하는 자들로 그 비방하는 일에 부끄러움을 당하게 하려 함이라
〉〉 벧전 3 : 15-16

우리가 세상에서 특별히 너희에게 대하여 하나님의 거룩함과
진실함으로써 하되 육체의 지혜로 하지 아니하고 하나님의 은혜로
행함은 우리 양심의 증거하는 바니 이것이 우리의 자랑이라
〉〉 고후 1 : 12

이것을 인하여 나도 하나님과 사람을 대하여 항상 양심에
거리낌이 없기를 힘쓰노라
〉〉 행 24 : 16

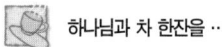

양심은 어떤 점에서 컴퓨터와도 같이 작용한다. 컴퓨터는 입력된 특정한 정보에 대해 특정한 방법으로 반응하도록 프로그램이 만들어져 있다. 또한 컴퓨터는 입력된 정보에 반응하는데 그것은 이에 따르도록 짜여진 명령에 근거한다.

양심은 반응물이기도 한다. 그것은 반응하도록 지시된 방법대로 특정한 입력 정보에 반응한다. 당신이 크리스천이 되면 당신의 양심에 변화가 일어나기 시작한다. 모든 사람이 선천적으로 갖고 있는 기본적인 도덕률은 정밀하게 검사되고 수리되며 성령님께서는 더 구체적이고 완전한 진리로 당신의 마음을 회복시키기 시작하신다.

오, 주님!
나의 마음을 주님의 진리로 새롭게 계획해 주소서.
나의 정신적인 모든 정보에서 죄로 가득한 마음 자세를 지워 주소서.

죄의 결과

스스로 속이지 말라 하나님은 만홀히 여김을 받지 아니하시나니
사람이 무엇으로 심든지 그대로 거두리라
자기의 육체를 위하여 심는 자는 육체로부터 썩어진 것을 거두고
성령을 위하여 심는 자는 성령으로부터 영생을 거두리라
〉〉 갈 6 : 7-8

지으신 것이 하나라도 그 앞에 나타나지 않음이 없고
오직 만물이 우리를 상관하시는 자의
눈앞에 벌거벗은 것 같이 드러나느니라
〉〉 히 4 : 13

이것이 곧 적게 심는 자는 적게 거두고
많이 심는 자는 많이 거둔다 하는 말이로다
〉〉 고후 9 : 6

하나님께서는 죄의 결과를 모두 지워 버려야 하는 의무가 없으시다. 많은 경우에 그분께서는 우리로 하여금 죄의 결과를 갖고 살아가게 하신다.

부정적인 결과에 관하여 심은 대로 거두리라고 하나님께서 말씀하신 것과 마찬가지로 그 결과가 다른 식으로 작용하리라는 것도 약속하셨다. 그 결과는 부정적인 것이 되지 않아야 한다. 당신이 죄성으로 심었는가 아니면 성령으로 심었는가에 따라서 긍정적으로 될 수 있다.

하늘에 계신 아버지, 죄 많은 행동과 마음에서 떠나
주님의 전능하신 팔에 안길 수 있는 힘을 주소서.
나는 주님께서 나의 환경은 결코 바꾸지 않으실 지라도
나의 삶은 바꾸실 수 있음을 깨달았습니다.
주님께서 지금 즉시 나를 변화시켜 주시기를 간구합니다.

타협

솔로몬의 나이 늙을 때에 왕비들이
그 마음을 돌이켜 다른 신들을 좇게 하였으므로
왕의 마음이 그 부친 다윗의 마음과 같지 아니하여
그 하나님 여호와 앞에 온전치 못하였으니
〉〉〉 왕상 11 : 4

이런 사람은 무엇이든지 주께 얻기를 생각하지 말라
두 마음을 품어 모든 일에 정함이 없는 자로다
〉〉〉 약 1 : 7-8

모든 것이 내게 가하나 다 유익한 것이 아니요
모든 것이 내게 가하나 내가 아무에게든지 제재를 받지 아니하리라
〉〉〉 고전 6 : 12

건전한 타협은 우리의 가치관이나 믿음을 희생하지 않고도 우리가 따를 수 있을 때 그것은 입증된다. 우리가 맺는 모든 인간 관계가 계속 건전하다면 이는 주고받는 요소를 지닐 것이다. 그러나 건전한 사상이나 규범을 단념하도록 유도함으로써 우리를 도덕적, 영적으로 파멸시키는 또 다른 종류의 불건전한 타협이 있다.

타협은 큰 희생이 따른다. 그것은 타락하고, 맥없이 쓰러지게 한다. 그러나 당신의 소망은 모든 것을 훌륭하게 창조하신 하나님을 섬기는 데 있다.

사랑의 주님, 불건전한 타협을 나의 존재로부터 물리치소서.
내 가슴속 깊숙이 감추어진 부분을 찾아 내셔서
나를 영적 파멸로 이끄는 교제와 관계를 드러내소서.
나를 도우사 그것들에서 멀어지게 하소서.

탐심

저희에게 이르시되 삼가 모든 탐심을 물리치라
사람의 생명이 그 소유의 넉넉한데 있지 아니하니라 하시고
〉〉〉 눅 12 : 15

무릇 이를 탐하는 자의 길은 다 이러하여
자기의 생명을 잃게 하느니라
〉〉〉 잠 1 : 19

돈을 사랑치 말고 있는 바를 족한 줄로 알라
〉〉〉 히 13 : 5

　예수님께서는 당신에게 온 군중들에게 여러 가지 종류의 탐심이 있음을 깨닫게 하시려고 부자의 비유를 사용하셨다. 비유로 한 말씀에서 부자는 창고에 저장한 모든 것을 다 사용하기도 전에 죽어 버렸다. 그는 그가 모은 재산은 자신의 것이라고 믿는 과오를 범했다. 예수님께서는 그의 그러한 마음 자세를 탐심의 한 형태라고 말씀하셨다. 만약 우리가 단지 이생을 위해서만 계획한다면 우리는 빈손으로 영원을 향해 나아가고 있는 것이다.

　당신은 미래에 대해 초조해 할 필요가 없다. 예수님께서는 당신의 필요와 때로는 당신의 갈망까지도 아시고 공급해 주신다.

주님, 나의 죄 많고 탐욕스런 마음을
관대함으로 바꾸어 주소서.
하늘 나라의 영원한 가치관에 나의 주의를 재집중하게 하소서.
나는 보물을 땅에 쌓는 대신에 하늘에 쌓기를 원합니다.

강퍅한 마음

너희는 범한 모든 죄악을 버리고 마음과 영을 새롭게 할찌어다
이스라엘 족속아 너희가 어찌하여 죽고자 하느냐
>>> 겔 18 : 31

또 새 영을 너희 속에 두고 새 마음을 너희에게 주되
너희 육신에서 굳은 마음을 제하고 부드러운 마음을 줄 것이며
>>> 겔 36 : 26

마음이 청결한 자는 복이 있나니 저희가 하나님을 볼 것임이요
>>> 마 5 : 8

한 번 솔직해 보자. 우리 모두는 일이 우리가 원하는 대로
되기를 바란다. 나는 일이 내가 바라는 방향으로 될 때, 더 평
안함을 느낀다. 대부분의 사람들이 그러하다. 그러나 우리가
원하는 것이 하나님께서 원하시는 것이 아닐 때, 우리는 팽팽
히 긴장하게 된다. 진리에 따라 행동하기를 거듭 거절하게 되
면 믿는 자의 마음은 그 무엇으로도 강퍅한 마음을 녹일 수가
없게 되기까지 썩어져 들어간다.

강퍅한 마음의 문제를 푸는 확실한 해답은 단 하나뿐이다.
즉, 솔직한 회개만큼 필요했던 변화를 가져오는 것 외에는 아
무것도 없다는 것이다.

사랑의 주님, 나의 강퍅한 마음을 회개합니다.
주님의 뜻에 대해 "아니오" 라고 응답하던 것을
"네" 라고 응답하게 하소서. 유순하고 동정적이며 돌보아 줄 수 있는
새로운 마음을 나에게 주소서.

세상적임

내가 아버지의 말씀을 저희에게 주었사오매 세상이 저희를 미워하였사
오니 이는 내가 세상에 속하지 아니함 같이 저희도 세상에 속하지 아니
함을 인함이니이다 내가 비옵는 것은 저희를 세상에서 데려가시기를
위함이 아니요 오직 악에 빠지지 않게 보전하시기를 위함이니이다 내
가 세상에 속하지 아니함 같이 저희도 세상에 속하지 아니하였삽나이
다 저희를 진리로 거룩하게 하옵소서 아버지의 말씀은 진리니이다 아
버지께서 나를 세상에 보내신 것 같이 나도 저희를 세상에 보내었고
〉〉 요 17 : 14-18

하나님 아버지 앞에서 정결하고 더러움이 없는 경건은
곧 고아와 과부를 그 환난 중에 돌아보고 또 자기를 지켜
세속에 물들지 아니하는 이것이니라
〉〉 약 1 : 27

세상적임은 하나님을 알지 못한 채, 이 세상을 살아가는 사람과 똑같은 관점과 우선 순위를 가지고 있는 것을 말한다. 세상적인 관점은 널리 퍼져 있다. 그러면 세상적인 관점이란 정확히 무엇을 말하는가? "나에게, 나 자신은 그리고 나는"이라는 이기주의가 바로 그것이다. 만약에 영원한 진리가 현재 여기에 충만하지 않다면 우리는 정확히 세상처럼 살아가고 있는 것이다. 이는 우리의 관점이 잘못된 것이다.

예수님께서는 그 어떤 것보다도 하나님의 나라를 우리의 "보물"이라고 말씀하셨다. 그분께서는 바로 우리의 우선 순위의 중심에 오셨다.

오 하나님, 주님의 목적을 깨닫기 위해
나의 이기적인 비망록을 재작성 해 주소서.
현세를 넘어 영원을 바라보는 새로운 시각을 주소서.
삶의 모든 분야에 있어서 우선 순위를 바로 잡아 나의 시간과 재능과
물질을 주님의 영광을 위해 사용할 수 있도록 나를 도우소서.

관계 회복

모든 것이 하나님께로 났나니 저가 그리스도로 말미암아 우리를
자기와 화목하게 하시고 또 우리에게 화목하게 하는 직책을 주셨으니
이는 하나님께서 그리스도 안에 계시사 세상을 자기와
화목하게 하시며 저희의 죄를 저희에게 돌리지 아니하시고
화목하게 하는 말씀을 우리에게 부탁하셨느니라
>>> 고후 5 : 18-19

삭개오가 서서 주께 여짜오되 주여 보시옵소서 내 소유의 절반을
가난한 자들에게 주겠사오며 만일 뉘 것을 토색한 일이 있으면
사배나 갚겠나이다
>>> 눅 19 : 8

그러므로 예물을 제단에 드리다가 거기서 네 형제에게 원망
들으만한 일이 있는 줄 생각나거든 예물을 제단 앞에 두고 먼저 가서
형제와 화목하고 그 후에 와서 예물을 드리라
>>> 마 5 : 23-24

하나님과 차 한잔을 …

　만약에 당신이 관계 회복이 얼마나 중요한지 알고 싶다면 잠시 생각을 바꾸어 보라. 만약에 당신에게 정말 상처를 준 사람이 돌아와서 관계를 바로 잡으려 한다면 그것이 당신에게 어떤 중대한 영향을 미칠 것인가?

　당신이 바꿀 수 없는 것이 있다. 그러나 바꿀 수 있는 것도 있다. 당신이 관계 회복을 할 수 있다고 알고 있는 지점부터 시작하라. 그러면 하나님께서 다른 사람과 화해할 수 있는 길을 당신에게 열어 주실 것이다.

하나님, 나의 지난날을 변화시키기 시작하도록
주님의 인도하심과 능력을 주소서.
내가 관계 회복을 해야할 상황을 알려 주시고
그 길을 나에게 열어 주소서.

역경

고난은 또한 하나님께서 그 자녀들에게
명예와 영광을 가져다 주는 방법이기도 하다.
이생에서 역경을 올바로 다루면
오는 세상에서 믿는 자에게 영광과 명예를 예비해 주신다.

역경

하나님은 우리의 피난처시요 힘이시니
환난 중에 만날 큰 도움이시라
그러므로 땅이 변하든지 산이 흔들려 바다 가운데 빠지든지
바닷물이 흉용하고 뛰놀든지 그것이 넘침으로
산이 요동할찌라도 우리는 두려워 아니하리로다
〉〉 시 46 : 1-3

대저 주께서 모든 환난에서 나를 건지시고
〉〉 시 54 : 7

만약에 우리가 믿는 자라면, 즉 그리스도께서 우리의 죄 값을 치르시기 위해 십자가에서 죽으셨다는 믿음을 갖는다면 하나님께서는 우리를 그분의 학교에 두신다. 하나님께서는 그분 자신, 즉 그분의 신실하심과 선하심과 자비하심과 거룩하심을 우리에게 가르치는 중에 계신다. 그러나 역경의 반보다 다른 반이 더 매혹적으로 보여 역경의 반을 원하지 않을 수도 있다.

역경은 우리가 주 안에서 "성장"하는 데 꼭 필요한 반이다. 우리가 실패로 여기는 상황과 사건들이 우리가 강한 영적 성장기로 들어서기에 아주 적당한 기회인 경우가 많다.

주님, 나는 정말로 이 학교에 있고 싶지 않습니다.
그러나 있고자 하는 마음을 주십시오.
나의 역경을 주님의 목적을 이루는 도구로 사용하소서.
나는 상을 받고 졸업하기를 원합니다.

역경의 가치

시험을 참는 자는 복이 있도다
이것에 옳다 인정하심을 받은 후에
주께서 자기를 사랑하는 자들에게 약속하신
생명의 면류관을 얻을 것임이니라
〉〉 약 1 : 12

보라 내가 너를 연단하였으나 은처럼 하지 아니하고
너를 고난의 풀무에서 택하였노라
〉〉 사 48 : 10

고난 당하기 전에는 내가 그릇 행하였더니
이제는 주의 말씀을 지키나이다
〉〉 시 119 : 67

일들이 우리가 바라는 대로 되어가고 있을 때, 때때로 우리의 생각을 하나님께로 향하기가 어렵다. 그럴 때 우리는 설상가상으로 우리의 처한 행복감을 영적인 것으로 혼동하기 시작하게 된다.

그러나 역경은 별 가치 없는 것에 대한 우리의 주의력을 늦추어주고, 우리를 인도할 수 있다고 알고 있는 유일하신 분께 가까이 매달릴 수 있게 해 준다. 역경은 우리가 어떤 사람인가에 대한 진실을 밝히기 위해서 "우리는 당연히 어떤 사람이 되어야 한다." 라는 얽매임을 벗겨 낸다.

주님, 내가 겪고 있는
역경을 가치 없는 일에 대한 나의 관심을 풀어주고,
새롭게 주님을 향해 관심의 초점을 맞추는데 사용하소서.
나 자신에 대한 신뢰를 주님께 대한 의존심으로,
나의 만족감을 주님에 대한 열정으로 바꾸어 주소서.

역경의 목적

우리의 잠시 받는 환난의 경한 것이 지극히 크고
영원한 영광의 중한 것을 우리에게 이루게 함이니
우리의 돌아보는 것은 보이는 것이 아니요 보이지 않는 것이니
보이는 것은 잠간이요 보이지 않는 것은 영원함이니라
〉〉 고후 4 : 17-18

사랑하는 자들아 너희를 시련하려고
오는 불 시험을 이상한 일 당하는 것 같이 이상히 여기지 말고
오직 너희가 그리스도의 고난에 참예하는 것으로 즐거워하라
이는 그의 영광을 나타내실 때에
너희로 즐거워하고 기뻐하게 하려 함이라
〉〉 벧전 4 : 12-13

고난은 하나님께서 그분 자신과 그 아들에게 영광을 가져오게 하는 방법이다. 하나님께 영광을 드리게 될 때, 고난은 그 어느 것과도 비교할 수 없다. 왜냐하면 고난만큼 우리의 의존성과 연약함과 불안전성을 드러나게 하는 것은 아무것도 없기 때문이다.

고난은 또한 하나님께서 그 자녀들에게 명예와 영광을 가져다 주는 방법이기도 하다. 이생에서 역경을 올바로 다루면 오는 세상에서 믿는 자에게 영광과 명예를 예비해 주신다.

사랑의 주님,
어려움과 슬픔 가운데서도 나는 주님을 신뢰합니다.
나의 삶에서 겪는 모든 것에는 주님의 목적이 있음을 압니다.
지금 이 순간 주님의 목적을 알 수는 없지만 순종하도록 나를 도우소서.

역경에 대한 반응

네가 만일 환난 날에 낙담하면 네 힘의 미약함을 보임이니라
⟩⟩ 잠 24 : 10

우리가 이 보배를 질그릇에 가졌으니
이는 능력의 심히 큰 것이 하나님께 있고
우리에게 있지 아니함을 알게 하려 함이라
⟩⟩ 고후 4 : 7

저가 내게 간구하리니 내가 응답하리라
저희 환난 때에 내가 저와 함께하여 저를 건지고 영화롭게 하리라
⟩⟩ 시 91 : 15

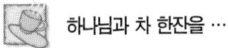

역경의 원인보다 훨씬 더 중요한 것은 역경에 대한 반응이다. 우리 모두가 "왜?"라는 질문에 대한 대답을 알고 싶어하는 만큼이나 그렇게 가장 중요한 질문은 아니다. 우리가 물어야 하는 진짜 질문은 "내가 어떻게 반응할 것인가?"이다. "왜?"라는 질문에 대한 해답을 찾으려고 너무 많은 시간을 보내게 되면, 하나님께서 나에게 무엇을 가르치시려는 가를 놓칠 위험으로 내닫게 된다. 얄궂게도 "왜?"라는 질문에 집중하는 것이 "왜?"에 대한 해답을 찾아내는 데 방해가 되는 경우가 종종 있다. 만약에 영원의 이 편에서 그 질문에 대한 해답을 우리에게 나타내는 것이 하나님의 섭리라면 그 해답은 우리가 올바로 반응하는 바와 같을 것이다.

하나님 아버지,
역경에 올바로 반응하는 방법을 나에게 가르치소서.
모든 부정적 상황을 내가 사는 동안 주님의 뜻을 이루는 데 사용하소서.

역경을 보는 관점

우리가 알거니와 하나님을 사랑하는 자 곧 그 뜻대로
부르심을 입은 자들에게는 모든 것이 합력하여 선을 이루느니라
하나님이 미리 아신 자들로
또한 그 아들의 형상을 본받게 하기 위하여 미리 정하셨으니
이는 그로 많은 형제 중에서 맏아들이 되게 하려 하심이니라
>>> 롬 8 : 28-29

오직 사랑 안에서 참된 것을 하여 범사에 그에게까지 자랄찌라
그는 머리니 곧 그리스도라
>>> 엡 4 : 15

영적 성장에 관한 한 역경은 하나님의 가장 효과적인 도구이기 때문에 우리가 영적으로 성장하고자 갈망하는 정도는 역경을 성공적으로 다루는 우리의 능력과 일치한다. 만약에 우리의 우선 순위가 쉽고, 편안하고, 즐거운 것이라면 우리는 역경을 잘 참아내지 못할 것이다. 그러면 역경은 우리를 향한 하나님의 계획의 일부라고 보기보다 오히려 방해물이라고 볼 것이다.

그러나 우리의 우선 순위를 하나님께서 정리해 주시도록 할 때 역경은 완전히 새로운 의미를 지니게 된다. 그것을 하나님께서 우리의 삶 가운데에서 행하고 계시는 필수 불가결한 부분으로 바라볼 것이다.

오, 주님. 역경에 대한 나의 인내심을 키워주소서.
나로 하여금 나를 위한 하나님의 계획에는 방해물이 없다는 것을
알게 하소서. 나의 낙담을 주님께서 가르쳐 주실 것에 대한
기대감으로 바꾸어 주소서.

역경 속의 고통

네가 물 가운데로 지날 때에 내가 함께 할 것이라
강을 건널 때에 물이 너를 침몰치 못할 것이며
네가 불 가운데로 행할 때에 타지도 아니할 것이요
불꽃이 너를 사르지도 못하리니
〉〉 사 43 : 2

우리가 불과 물을 통행하였더니
주께서 우리를 끌어내사 풍부한 곳에 들이셨나이다
〉〉 시 66 : 12

울며 씨를 뿌리러 나가는 자는
정녕 기쁨으로 그 단을 가지고 돌아오리로다
〉〉 시 126 : 6

하나님과 차 한잔을 …

예수님께서는 결코 이생에서 우리의 고통과 역경을 없애신다고 약속하지 않으셨다. 물론 그분께서 그렇게 하시는 경우도 있다. 어떤 경우에는 아주 기적적으로 일어나기도 한다.

하나님 아버지를 위해 그리스도께서 고난당하시고 죽으셨기 때문에 오늘날 당신과 나는 영원한 생명을 가진다. 많은 사람들이 하나님과 화목하게 된 것은 구세주의 고난을 통해서였다. 그리고 그분을 안다고 말하는 우리는 그분께서 행하신 것처럼 우리도 행해야 한다. 즉, 우리의 고통을 하나님께서 바라시는 대로 그분을 위해 사용하도록 내어주어야 한다. 그러면 우리는 그리스도를 위하여 그 일들을 참고 견딜 수 있을 것이다.

사랑의 주님, 여기에 나의 고통이 있습니다.
가져가셔서 사용하소서.
그것을 통해서 다른 사람들에게
하나님의 아들 예수 그리스도의 구원의 소식을 알리소서.

역경 가운데 침묵

일을 숨기는 것은 하나님의 영화요 일을 살피는 것은 왕의 영화니라
>>> 잠 25 : 2

그리스도를 위하여 너희에게 은혜를 주신 것은
다만 그를 믿을 뿐 아니라 또한 그를 위하여 고난도 받게 하심이라
>>> 빌 1 : 29

사람의 걸음은 여호와께로서 말미암나니
사람이 어찌 자기의 길을 알 수 있으랴
>>> 잠 20 : 24

　하나님의 침묵은 절대로 우리의 삶 가운데에 하나님께서 활동하시고 관여하심을 나타내는 방법이 아니다. 조용히 계실지는 모르지만 가만히 계신 것은 아니다. 우리는 우리가 아무것도 들을 수 없으므로 그분께서 분명 아무 일도 행하지 않으신다고 추측한다. 우리는 하나님의 관심과 관여를 우리가 보고들은 것으로 판단을 한다.

　우리의 삶에 있어서 하나님의 관여와 관심은 우리가 처한 상황의 종류로서 판단할 수 없다. 그분의 관여는 두 가지, 즉 우리의 인격이 개발되느냐와 그분의 계획이 성취되느냐로 측정할 수 있다.

　　　하나님, 나는 지금 이 순간 주님의 음성을 그다지 정확히
　　　들을 수가 없을 것 같습니다. 그러나 나를 도우사,
　주님의 침묵이 나의 삶 속에서 주님의 관여를 반영하는 것이
아니라는 것을 알게 하소서. 나는 주님께서 나의 인격을 개발시키고,
주님의 계획을 이루시기 위해 나의 문제들 속에서 역사 하심을 압니다.

 역경의 불공평

또 내가 크고 흰 보좌와 그 위에 앉으신 자를 보니 땅과 하늘이
그 앞에서 피하여 간데 없더라 또 내가 보니 죽은 자들이
무론 대소하고 그 보좌 앞에 섰는데 책들이 펴 있고
또 다른 책이 펴졌으니 곧 생명책이라
죽은 자들이 자기 행위를 따라 책들에 기록된대로 심판을 받으니
〉〉 계 20 : 11-12

피조물이 다 이제까지 함께 탄식하며 함께 고통하는 것을
우리가 아나니 이뿐 아니라 또한 우리 곧 성령의 처음 익은 열매를
받은 우리까지도 속으로 탄식하여 양자 될 것 곧 우리 몸의 구속을
기다리느니라 우리가 소망으로 구원을 얻었으매
보이는 소망이 아니니 보는 것을 누가 바라리요
만일 우리가 보지 못하는 것을 바라면 참음으로 기다릴찌니라
〉〉 롬 8 : 22-25

하나님께서는 우리가 부당하게 고난을 받을 때, 이를 아신다. 하나님께서는 힘이 센 자들의 변덕과 바라는 바에 당신을 내버려두지 않으신다. 그분께서는 그 자녀들이 종교적 관점 때문에 발전하지 못하고 그냥 지나쳐 버릴 때, 이를 아신다.

이 세상의 고난과 불공평의 문제에 대한 궁극적인 해답은 예수 그리스도의 재림에 있다. 그분께서 재림하시면 모든 남자와 여자들은 일어나서, 그들이 행한 것에 대한 셈을 해야만 한다.

하나님 아버지,
주님께서는 의로운 심판관이심에 감사 드립니다.
나는 주님께서 나에게 부당하게 대하셨다는 오해에 대한 노를 그칩니다.
사랑의 주님, 주님께 나의 상황을 맡깁니다.

역경의 한계

또 아들들에게 권하는것 같이
너희에게 권면하신 말씀을 잊었도다 일렀으되
내 아들아 주의 징계하심을 경히 여기지 말며
그에게 꾸지람을 받을 때에 낙심하지 말라
주께서 그 사랑하시는 자를 징계하시고
그의 받으시는 아들마다 채찍질하심이니라 하였으니
〉〉 히 12 : 5-6

또 우리 육체의 아버지가 우리를 징계하여도 공경하였거든
하물며 모든 영의 아버지께 더욱 복종하여 살려 하지 않겠느냐
〉〉 히 12 : 9

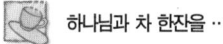 **하나님과 차 한잔을 …**

하나님께서는 징계의 한 형태로써 종종 역경을 사용하신다. 문제는 어느 정도까지 가게 하시는가? 그분께서는 어느 정도의 고통을 주시는가? 그분께서 주시는 역경에는 한계가 있는가이다. 주님께서는 바울의 눈을 멀게 하셨다. 그분께서는 요나가 거의 목숨을 잃을 지경에까지 가게 하셨다. 나는 하나님께서 필요하시다면 무엇이나 행하신다는 것이 그 답이라고 생각한다. 그분께서는 고통을 미워하시는 것같이 죄를 훨씬 더 미워하신다. 그리고 고통을 경멸하시는 만큼, 우리를 훨씬 더 많이 사랑하신다.

하나님께서 우리를 그분의 자녀로 대하신다는 것을 기억함으로써 우리는 징계의 고통을 참고 견뎌낼 수 있다.

하늘에 계신 아버지,
나는 주님께서 모든 것을 다 합하여 주님의 뜻을 이루시기 위해
나의 역경에 한계를 세우셨음을 압니다.
나를 도우사 주님 사랑의 꾸지람을 받아들이고 응답하게 하소서.

연약함

하나님께서 세상의 미련한 것들을 택하사 지혜 있는 자들을
부끄럽게 하려 하시고 세상의 약한 것들을 택하사 강한 것들을
부끄럽게 하려 하시며 하나님께서 세상의 천한 것들과
멸시받는 것들과 없는 것들을 택하사 있는 것들을 폐하려 하시나니
이는 아무 육체라도 하나님 앞에서 자랑하지 못하게 하심이라
〉〉 고전 1 : 27-29

내게 이르시기를 내 은혜가 네게 족하도다 이는 내 능력이 약한데서
온전하여짐이라 하신지라 이러므로 도리어 크게 기뻐함으로
나의 여러 약한 것들에 대하여 자랑하리니 이는 그리스도의 능력으로
내게 머물게 하려함이라 그러므로 내가 그리스도를 위하여 약한 것들과
능욕과 궁핍과 핍박과 곤란을 기뻐하노니
이는 내가 약할 그 때에 곧 강함이니라
〉〉 고후 12 : 9-10

당신의 가장 큰 약점이 하나님께는 가장 큰 기회이다. 하나님께서는 세상의 연약한 것을 택하신다. 그분께서 약한 것을 사용하실 때, 그분의 능력과 권능은 훨씬 더 분명히 드러난다.

하나님께서는 당신 자신의 힘을 의지하지 않게 하시려고 당신의 삶에 역경을 허락하신다. 이런 조치에 더욱 익숙해지게 되면 당신은 정말로 만족함을 느끼기 시작할 것이다. 그분의 능력은 당신 속에서 완전하게 자리잡을 것이고, 당신을 통해 다른 사람의 삶에서 그 능력이 나타날 것이다.

나의 삶 속의 모든 역경을
주님의 능력을 드러내기 위한 기회로 삼게 하소서.
주님의 능력이 내 안과 나를 통해 완전하게 하셔서,
내 손을 내밀어 상처받은 사람들에게 닿게 하소서.

위로

찬송하리로다 그는 우리 주 예수 그리스도의 하나님이시요
자비의 아버지시요 모든 위로의 하나님이시며
우리의 모든 환난 중에서 우리를 위로하사
우리로 하여금 하나님께 받는 위로로써
모든 환난 중에 있는 자들을 능히 위로하게 하시는 이시로다
우리가 환난 받는 것도 너희의 위로와 구원을 위함이요
혹 위로 받는 것도 너희의 위로를 위함이니
이 위로가 너희 속에 역사하여
우리가 받는 것 같은 고난을 너희도 견디게 하느니라
〉〉〉 고후 1 : 3-4,6

하나님께서는 우리를 위로하실 수 있도록 역경이 우리의 삶을 가로막게 허락 하신다. 일단 우리가 우리의 상처를 다루기만 하면 그분께서는 우리가 동일시 할 수 있고, 그래서 위로를 받을 수 있는 어떤 사람을 우리의 인생 행로를 가로질러 가도록 보내실 것이다. 이것이 우리를 성숙시키시는 하나님의 전략이다.

하나님께서는 위로자 교육인적부에 계신다. 가장 훌륭한 위로자란 어떤 종류의 고통과 슬픔과도 맞부닥쳐 싸웠고, 성공적으로 그 경험에서 벗어난 사람이지만 가장 형편없는 위로자는 결코 위로 받을 필요가 없었던 사람이다.

오, 주님. 나는 끓어오르는 분노와
나를 괴롭히는 상처를 주님께 드립니다.
나의 부정적인 모든 상황을 주님께 드립니다.
나를 위로하사, 나로 하여금 다른 사람들을 위로하는 것을 배우게 하소서.

주님께 맡김

그러므로 형제들아
내가 하나님의 모든 자비하심으로 너희를 권하노니
너희 몸을 하나님이 기뻐하시는 거룩한 산 제사로 드리라
이는 너희의 드릴 영적 예배니라
〉〉 롬 12 : 1

만일 그리스도인으로 고난을 받은즉 부끄러워 말고
도리어 그 이름으로 하나님께 영광을 돌리라
〉〉 벧전 4 : 16

그러므로 하나님의 뜻대로 고난을 받는 자들은
또한 선을 행하는 가운데 그 영혼을 미쁘신 조물주께 부탁할찌어다
〉〉 벧전 4 : 19

역경이라는 문제에 이르게 되면 거기에는 정말로 훌륭한 양 자택일이란 없다. 역경은 그 자녀들의 성장을 촉진시키기 위한 하나님의 도구이기 때문이다. 이 원리에 저항하는 것은 하나님 께서 당신의 삶 속에 행하기를 원하시는 모든 것에 대해 저항하 는 것이다. 이는 영적 성장을 하지 않겠다고 말하는 것과 같다.

당신은 끈기 있게 인내하고 있는가? 아니면 당신은 저항하 고 있는가? 당신은 하나님께서 행하고 계신 것에 대해서 하나 님께 화를 내는가? 나의 친구이신 하나님께서는 당신의 역경을 사용하셔서 당신을 성장시키기를 원하신다. 그분께서는 당신 의 인격이 예수님의 형상의 본이 될 때까지 자라나 성숙하기를 바라신다. 그것이 당신을 향한 하나님의 목표이다.

주님, 나는 역경이 싫지만
고난이 내 삶에 좋은 결과를 가져온다는 것을
신뢰하기에 기뻐합니다.
나를 도우사 주님의 뜻에 맡기게 하시고,
역경을 통해 나를 성장시키소서.

하나님의 계획

우리는 의로워졌다. 즉 단번에 무죄가 선고되었다.
대속물은 구세주이신 예수 그리스도이시다.
그러나 사면이 그 효력을 발생하기 위해서는 이를 받아들여야 한다.

삶의 토대

이 닦아 둔 것 외에 능히 다른 터를 닦아 둘 자가 없으니 이 터는
곧 예수 그리스도라 만일 누구든지 금이나 은이나 보석이나
나무나 풀이나 짚으로 이 터 위에 세우면 각각 공력이 나타날 터인데
그 날이 공력을 밝히리니 이는 불로 나타내고 그 불이 각 사람의 공력이
어떠한 것을 시험할 것임이니라 만일 누구든지
그 위에 세운 공력이 그대로 있으면 상을 받고
〉〉 고전 3 : 11-14

여호와의 율법은 완전하여 영혼을 소성케 하고
여호와의 증거는 확실하여 우둔한 자로 지혜롭게 하며
〉〉 시 19 : 7

그러므로 누구든지 나의 이 말을 듣고 행하는 자는
그 집을 반석 위에 지은 지혜로운 사람 같으리니
〉〉 마 7 : 24

균형 잡히고 잘 형성된 삶을 어떻게 만들 수 있을까? 예수님께서는 이에 대한 아주 단순한 두 가지 필요 조건을 우리에게 주셨다. 첫째, 하나님의 말씀을 들어야 하고 둘째, 우리가 들은 하나님의 말씀에 복종해야 한다.

잘 참고 견딘 삶이란 결과에 대한 책임을 피할 수 없음을 인식하면서, 성경 말씀의 원리에 조심스럽게 주의를 기울임으로써 하나님의 말씀을 그 속에 쌓아 나가는 삶이다. 지혜로운 자들은 성경 말씀의 원리에 열심히 귀를 기울여 듣고, 그 원리에 따라 행동하고, 삶에 적용을 하며, 진리 원칙의 인도함을 받는 것이다.

오, 하나님. 주님께서는 나의 반석이십니다.
나를 주님 말씀의 강한 토대 위에 세워 주소서.
내 삶의 건축물을
하나님의 아들 예수 그리스도의 모퉁이돌 위에 세우소서.

삶의 폭풍우

다 같은 신령한 음료를 마셨으니 이는 저희를 따르는
신령한 반석으로부터 마셨으매 그 반석은 곧 그리스도시라
〉〉〉 고전 10 : 4

풀은 마르고 꽃은 시드나 우리 하나님의 말씀은 영영히 서리라 하라
〉〉〉 사 40 : 8

비가 내리고 창수가 나고 바람이 불어 그 집에 부딪히되
무너지지 아니하나니 이는 주초를 반석 위에 놓은 연고요
〉〉〉 마 7 : 25

우리가 집을 지을 때, 폭풍우는 피할 수 없이 꼭 닥친다는 것뿐만 아니라, 잘 건축된 집은 부서지지 않는다는 것도 생각해야 한다. 우리가 잘 형성된 삶에 대해 생각할 때, 예수 그리스도의 영원한 반석인 "페트라(Petra)"라는 용어에 관해서 먼저 생각해 보아야 한다.

하나님의 말씀의 본질은 영원히 변치 않는 우리의 건축 재료이다. 매일 우리의 생각과 행동은 좋든 나쁘든 우리의 삶을 만들어 간다. 그러므로 우리는 영원한 반석 위에 지어야 하고, 영원한 집을 위해 하나님의 영원한 말씀의 본질로 세워야만 한다.

주님, 나는 폭풍우에 맞부닥쳐 있습니다.
그러나 나는 내 삶을 주님 말씀의 견고한 토대 위에 세웠으므로
사나운 비바람에 견디리라는 것을 알고 있습니다.
나의 영적인 집은 거친 환경의 요동 속에서도
무너지지 않을 것이므로 주님께 감사 드립니다.

회개

베드로가 가로되 너희가 회개하여
각각 예수 그리스도의 이름으로 세례를 받고 죄 사함을 얻으라
그리하면 성령을 선물로 받으리니
〉〉 행 2 : 38

또 이르시되 이같이 그리스도가 고난을 받고
제 삼일에 죽은 자 가운데서 살아날 것과
또 그의 이름으로 죄 사함을 얻게 하는 회개가 예루살렘으로부터
시작하여 모든 족속에게 전파될 것이 기록되었으니
〉〉 눅 24 : 46-47

진정한 회개는 세 가지의 사랑을 내포한다. 첫째, "주님, 나는 주님께 죄를 지었습니다."라는 고백이고, 둘째, 회개는 죄가 하나님께 대한 것이었다는 것을 깨닫는 것을 내포한다. 셋째, 회개는 하나님께 완전히 정직해 질 것을 요구한다.

당신은 예수님을 영접한 후, 크리스천으로서의 믿음과 인격이 자라가면서 계속적으로 회개할 것이다. 이런 회개는 행동의 변화를 일으키는 마음의 변화이다.

주님, 나의 죄를 빨리 깨닫게 하시고,
주님께 완전히 정직해 지게 하소서. 나의 마음을 새롭게 하시고,
나의 믿음 없음을 벗겨 내시어 이런 마음의 변화가
나의 삶의 방식에서 분명하게 나타나게 하소서.

양자됨

때가 차매 하나님이 그 아들을 보내사 여자에게서 나게 하시고
율법 아래 나게 하신 것은 율법 아래 있는 자들을 속량하시고
우리로 아들의 명분을 얻게 하려 하심이라
〉〉〉 갈 4 : 4-5

곧 창세 전에 그리스도 안에서 우리를 택하사 우리로 사랑 안에서
그 앞에 거룩하고 흠이 없게 하시려고
그 기쁘신 뜻대로 우리를 예정하사
예수 그리스도로 말미암아 자기의 아들들이 되게 하셨으니
〉〉〉 엡 1 : 4-5

영접하는 자 곧 그 이름을 믿는 자들에게는
하나님의 자녀가 되는 권세를 주셨으니
〉〉〉 요 1 : 12

하나님과 차 한잔을 …

　양자됨은 하나님께서 예수님을 구세주로 믿는 사람들과의 관계를 세우는 데 사용하시는 성경적인 과정이다.

　당신을 하나님의 가족으로 양자 삼는 것은 창세전에 하나님께서 당신을 그분 안에 선택하신 맨 처음부터 그분의 목표였다. 하나님께서는 당신이 그분의 자녀와 같기를 바라셨다. 그래서 당신을 그분의 양자로 삼으실 수 있도록 하나님께서는 독생자를 희생하셨다.

하나님께서는 나의 아버지이십니다.
나를 주님의 가족 안으로 양자 삼으신 것에 감사 드립니다.
일단 한 번 주님의 자녀가 되면
계속해서 주님의 자녀가 됨을 확신케 하시니 감사합니다.

정의

곧 이 때에 자기의 의로우심을 나타내사 자기도 의로우시며
또한 예수 믿는 자를 의롭다 하려 하심이니라
〉〉 롬 3 : 26

그러므로 우리가 믿음으로 의롭다 하심을 얻었은즉
우리 주 예수 그리스도로 말미암아 하나님으로 더불어 화평을 누리자
〉〉 롬 5 : 1

누가 능히 하나님의 택하신 자들을 송사하리요
의롭다 하신 이는 하나님이시니
〉〉 롬 8 : 33

대통령은 벌금을 지불하지 않고도 죄를 사면할 수 있다. 그러나 하나님께서는 합당한 대속물을 벌금으로 지불하심으로써 죄를 사면하셨다.

우리는 의로워졌다. 즉, 단번에 무죄가 선고되었다. 대속물은 구세주이신 예수 그리스도이시다. 그러나 사면이 그 효력을 발생하기 위해서는 이를 받아들여야만 한다.

하나님, 나는 갈보리 십자가상에서
구세주 예수 그리스도께서 죽으심으로써
나에게 보장된 사면을 받아들입니다.
나를 "무죄!"로 선고하심에 감사 드립니다.
내가 의롭게 되었고, 죄의 형벌을 받지 않게 하시니 감사합니다.

구속

너희가 알거니와 너희 조상의 유전한 망령된 행실에서 구속된 것은
은이나 금 같이 없어질 것으로 한 것이 아니요
오직 흠 없고 점 없는 어린양 같은
그리스도의 보배로운 피로 한 것이니라
〉〉 벧전 1 : 18-19

그리스도께서 우리를 위하여 저주를 받은바 되사
율법의 저주에서 우리를 속량하셨으니 기록된바
나무에 달린 자마다 저주 아래 있는 자라 하였음이라
〉〉 갈 3 : 13

우리가 그리스도 안에서 그의 은혜의 풍성함을 따라
그의 피로 말미암아 구속 곧 죄 사함을 받았으니
〉〉 엡 1 : 7

한 어린 소년이 작은 배를 만들려고 아버지와 나란히 작업을 했다. 그리고 소년은 호숫가에 앉아서 배를 물위에 띄우고, 배가 뜨는 것을 보고 기뻐 어쩔 줄 몰라했다. 그러나 한 번 배를 세게 밀자 배는 멀어졌고, 소년은 그 배가 떠가는 것을 애석한 듯 바라보았다.

다음날, 어린 소년은 근처 마을에서 작은 전당포의 창문 안을 들여다보다가 "저건 내 배야!" 라고 소리쳤다. 전당포 주인에게 다가갔을 때, 소년은 그 배를 가지려면 값을 지불해야 한다는 말을 듣고 주저하지 않고 주인에게 동전 몇 닢을 건네 주었다. 어린 소년은 그 배를 꼭 부여잡고는 "너는 두 번째 나의 것이 되었어. 첫 번째는 널 만들었기 때문이고, 두 번째는 너를 도로 샀기 때문이야!" 라고 말했다. 하나님께서는 어떤 값을 치르시더라도 우리를 도로 사실 준비를 하셨다. 그리고 그분께서는 그 값을 전부 치르셨다.

 주님께서 나를 창조하셨을 뿐만 아니라,
내가 길을 잃었을 때 도로 찾아내셨음을 기뻐합니다.
나에 대한 값을 치르시고,
나의 계산서를 예수 그리스도의 보혈로 지불하셨음에 감사 드립니다.

확신

내가 하나님의 아들의 이름을 믿는 너희에게 이것을 쓴 것은
너희로 하여금 너희에게 영생이 있음을 알게 하려 함이라
>>> 요일 5 : 13

성령이 친히 우리 영으로 더불어
우리가 하나님의 자녀인 것을 증거하시나니
>>> 롬 8 : 16

내가 진실로 진실로 너희에게 이르노니
내 말을 듣고 또 나 보내신 이를 믿는 자는 영생을 얻었고
심판에 이르지 아니하나니 사망에서 생명으로 옮겼느니라
>>> 요 5 : 24

하나님과 차 한잔을 …

만약 우리의 구원이 십자가에서 예수님께서 이루신 일이 아닌, 그 어떤 다른 것에 달려 있다면 우리는 크나큰 어려움에 처할 것이다. 만약 당신과 내가 우리의 구원을 지키는데 어떤 부분을 담당해야 한다면 결코 우리는 안심하고 살아가기 어려울 것이다.

하나님께서는 그분의 가족이 되기를 원하는 사람을 간절히 찾고 계신다. 그들이 믿음으로 예수님의 가족에 속하게 되면 그분께서는 그들이 잘 될 때나 잘못 될 때나 계속해서 늘 돌보아 주신다.

 주님, 나의 구원을 확신시켜 주시는 주님 말씀의 약속에 감사 드립니다. 나는 주님의 말씀을 받아들이고, 주님을 믿어 내가 죽음에서 생명으로 옮겨졌음을 알았습니다. 나를 도우사 어려운 시간 동안에 주님 안에서 나의 신분이 보장된다는 것을 결코 의심하지 않게 하소서.

 # 하나님의 뜻

이 세상도 그 정욕도 지나가되 오직 하나님의 뜻을 행하는 이는
영원히 거하느니라

〉〉 요일 2 : 17

내가 아무 것도 스스로 할 수 없노라 듣는대로 심판하노니
나는 나의 원대로 하려하지 않고 나를 보내신 이의 원대로 하려는고로
내 심판은 의로우니라

〉〉 요 5 : 30

눈가림만 하여 사람을 기쁘게 하는 자처럼 하지말고
그리스도의 종들처럼 마음으로 하나님의 뜻을 행하여

〉〉 엡 6 : 6

크리스천으로서 우리는 우리가 가야 할 방향에 대해서 하나
님께서 좋아하시는 방향이 있다는 것을 믿는다. 그러나 그분의
뜻을 깨닫는 것은 실망스러운 과정일 수 있다.

어떤 결정을 내릴 때, 하나님의 도덕적인 뜻에 비교해서 그
결정을 평가해 보는 것으로 시작해야 한다. 당신은 그분의 말
씀의 원리와 비교해서 그것을 평가해야만 하는 것이다. 만약에
당신이 하나님의 도덕적 뜻을 지키고, 참된 것으로 당신의 마
음을 끊임없이 새롭게 한다면, 어떤 결정을 내릴 때에 당신은
바른 선택을 할 수 있을 것이고, 당신을 향한 하나님의 뜻이 무
엇인지 분별할 수 있을 것이다.

주님, 내가 주님의 말씀을 깊이 살필 때,
주님의 도덕적 뜻을 나의 마음과 영혼의 판 위에 새겨 주소서.
주님의 말씀이 여과지가 되어 내가 하는 모든 결정을 걸러 주소서.
나는 오늘 내가 내려야 할 결정을 지도해 주실 주님의 지혜를 구합니다.

비전북 출판사는 오직 믿음으로만 살았던 개혁 신앙을 계승 발전시키고
다시 오실 주님의 길을 예비하는 마음으로 21세기에도 역동적인 신앙을 세우는데
꿈과 비전을 품고 예배와 삶의 일치를 이루는 출판 공동체입니다.

찰스 스탠리 하나님의 손길

저자 : 찰스 스탠리 / 역자 : 정 에스더
발행처 : **비전북출판사**
전화 : (02)966-3090 / 팩스 : (02)3293-6620
공급처 : **비전북**
전화 : (031)907-3927 / 팩스 : (080)403-1004

값 7,000원